삶과 배움 속에서 자라는
진짜 사회 문해력

미래 역량을 기르기 위해 가장 필요한 기초 소양은 '데이터 리터러시'입니다.

'데이터 리터러시'라는 말을 쉽게 하면, 바로 '문해력과 수리력'입니다. 문해력이란, 학습과 삶의 맥락 속에서 다양한 내용과 형식의 글을 정확하게 이해하고 효과적으로 맥락에 맞게 표현하는 능력입니다. 수리력은 자신의 삶 속에서 수학의 내용과 방법을 활용해서 추론하고 소통하고 문제를 해결하는 능력이지요.

문해력과 수리력은 서로 완전히 다른 영역 같지만, 그렇지 않습니다. 우리가 일상생활을 무리 없이 영위하려면 가장 기초가 되는 역량이라는 공통점이 바로 그것이죠.

서울시 교육청에서도 문해력과 수리력의 중요성을 충분히 인지하고 있고, 학생들에게 이를 채우려는 노력을 적극적으로 기울이고 있습니다.

S-PLAN이라는 검사 도구로 학생의 문해력과 수리력을 진단하고 있기도 하지요.

이 책은 기존의 문해력 관련 책과는 다릅니다. 초등학생들이 자신의 삶 속에서 문해력을 발휘하여 문제를 해결해야 하는 순간을 마주하게 합니다. 읽을거리가 생활과 동떨어져 있지 않고 반드시 해석하고 이해해야 하는 내용입니다. 초등학교 중학년 어린이라면 충분히 이해할 수 있고, 고학년이라면 무조건 짚어 내 이해해야 하는 내용과 형식으로 구성되어 있습니다.

☑ 단어와 어구의 의미를 정확하게 알고 활용하는 어휘력!
☑ 글의 내용을 통합하고 해석하는 능력!
☑ 내가 필요한 정보를 찾고 이를 정확히 확인하는 능력!
☑ 글과 그림 등의 내용을 분석하여 비판적으로 평가하는 능력!

이것들을 반드시 갖춰야 합니다.

이 능력들이 갖춰졌을 때 문해력이 자라고, 읽기 정서가 회복됩니다. 관련 과목의 성적 향상은 당연히 따르는 결과겠지요.

오랜 기간 준비한 만큼 자신 있게 권합니다.

우리 아이들의 탄탄한 문해력을 응원합니다!

김수현

이 책의 특징

《똑똑한 사회 문해력》, 알고 보면 더 재미있어요. 이 책의 특징을 구석구석 살펴보고 제대로 즐겨 보세요. 문해력이 쑥쑥 자랄 거예요.

> 책, 가정 통신문, 신문 기사, 안내문 등 우리가 생활 속에서 자주 만나는 글들로 문해력을 키울 수 있어요.

> 문제들은 한자어 익히기, 내용 이해하기, 어휘 알기, 적용하기 등 여러 가지 영역을 골고루 공부할 수 있도록 구성되어 있어서, 문해력을 튼튼하게 키울 수 있어요.

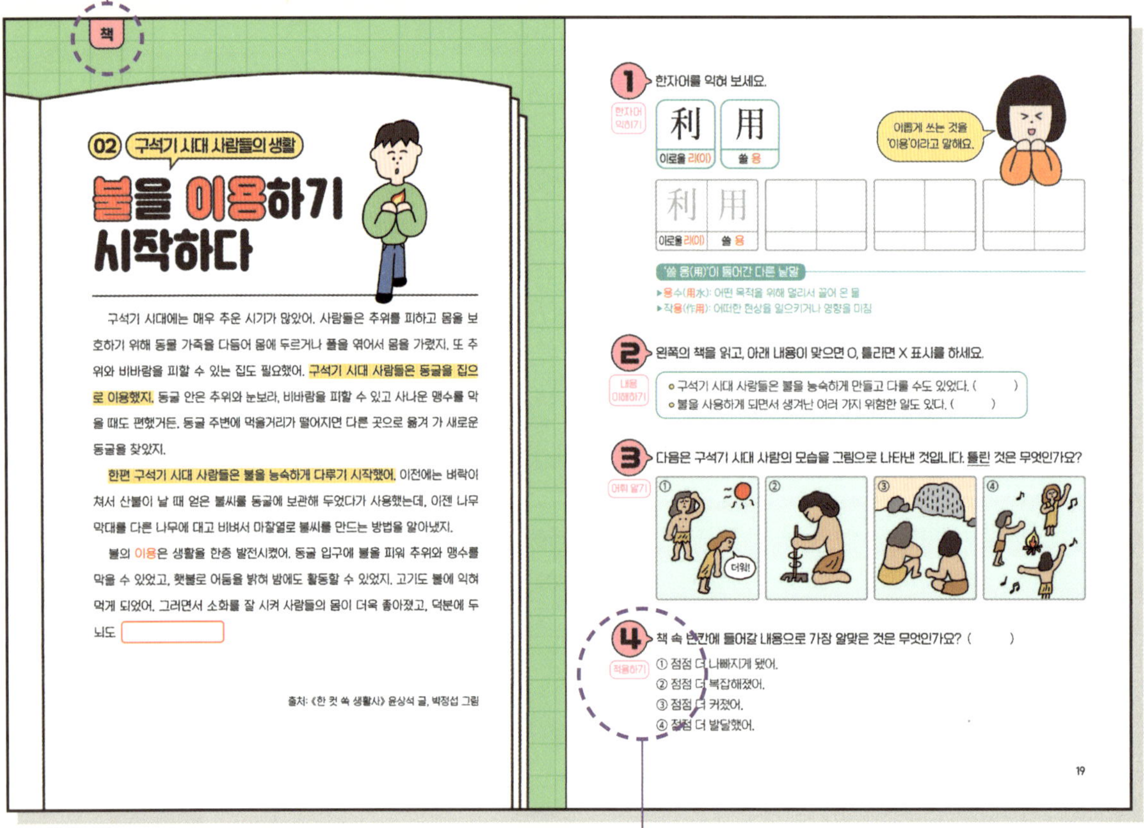

학교나 집, 사회에서 볼 수 있는 다양한 주제의 글을 읽으며 문해력을 높일 수 있어요.

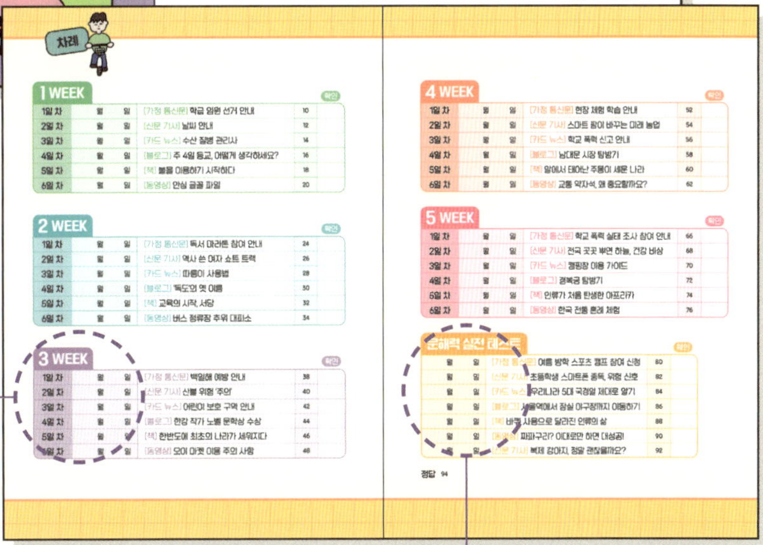

5주 동안 매일 계획을 세워 스스로 공부할 수 있어요.

공부를 마친 후 실전 테스트를 통해 학습 효과를 점검할 수 있어요.

초등학교 선생님들이 직접 만들어서, 여러분의 눈높이에 꼭 맞게 구성되어 있어요.

차례

1 WEEK 확인

1일 차	월	일	[가정 통신문] 학급 임원 선거 안내	10	
2일 차	월	일	[신문 기사] 날씨 안내	12	
3일 차	월	일	[카드 뉴스] 수산 질병 관리사	14	
4일 차	월	일	[블로그] 주 4일 등교, 어떻게 생각하세요?	16	
5일 차	월	일	[책] 불을 이용하기 시작하다	18	
6일 차	월	일	[동영상] 안심 글꼴 파일	20	

2 WEEK 확인

1일 차	월	일	[가정 통신문] 독서 마라톤 참여 안내	24	
2일 차	월	일	[신문 기사] 새 역사 쓴 여자 쇼트 트랙	26	
3일 차	월	일	[카드 뉴스] 따릉이 사용법	28	
4일 차	월	일	[블로그] '독도'의 옛 이름	30	
5일 차	월	일	[책] 교육의 시작, 서당	32	
6일 차	월	일	[동영상] 버스 정류장 추위 대피소	34	

3 WEEK 확인

1일 차	월	일	[가정 통신문] 백일해 예방 안내	38	
2일 차	월	일	[신문 기사] 산불 위험 '주의'	40	
3일 차	월	일	[카드 뉴스] 어린이 보호 구역 안내	42	
4일 차	월	일	[블로그] 한강 작가 노벨 문학상 수상	44	
5일 차	월	일	[책] 한반도에 최초의 나라가 세워지다	46	
6일 차	월	일	[동영상] 오이마켓 이용 주의 사항	48	

4 WEEK 확인

1일 차	월	일	[가정 통신문] 현장 체험 학습 안내	52	
2일 차	월	일	[신문 기사] 스마트 팜이 바꾸는 미래 농업	54	
3일 차	월	일	[카드 뉴스] 학교 폭력 신고 안내	56	
4일 차	월	일	[블로그] 남대문 시장 탐방기	58	
5일 차	월	일	[책] 알에서 태어난 주몽이 세운 나라	60	
6일 차	월	일	[동영상] 교통 약자석, 왜 중요할까요?	62	

5 WEEK 확인

1일 차	월	일	[가정 통신문] 학교 폭력 실태 조사 참여 안내	66	
2일 차	월	일	[신문 기사] 전국 곳곳 뿌연 하늘, 건강 비상	68	
3일 차	월	일	[카드 뉴스] 캠핑장 이용 가이드	70	
4일 차	월	일	[블로그] 경복궁 탐방기	72	
5일 차	월	일	[책] 인류가 처음 탄생한 아프리카	74	
6일 차	월	일	[동영상] 한국 전통 혼례 체험	76	

문해력 실전 테스트 확인

월	일	[가정 통신문] 여름 방학 스포츠 캠프 참여 신청	80	
월	일	[신문 기사] 초등학생 스마트폰 중독, 위험 신호	82	
월	일	[카드 뉴스] 우리나라 5대 국경일 제대로 알기	84	
월	일	[블로그] 서울역에서 잠실 야구장까지 이동하기	86	
월	일	[책] 바퀴 사용으로 달라진 인류의 삶	88	
월	일	[동영상] 짜파구리? 이대로만 하면 대성공!	90	
월	일	[신문 기사] 복제 강아지, 정말 괜찮을까요?	92	

정답 94

가정 통신문

2025학년도 2학기 학급 임원 선거 안내

우리 학교는 학생들에게 폭넓은 리더십 함양의 기회를 제공하고, 토론 문화 정착, 학급 봉사, 협동 생활 등 다양한 민주 시민 생활을 체험하게 하고자 학급 임원 선거를 실시합니다. 선거 방법을 아래와 같이 안내하오니, 학생과 학부모님의 많은 관심을 부탁드립니다.

1 투표 일시 3~6학년 2025. 9. 5. (금) 1~4교시 중

2 투표 장소 3~6학년 각 교실

3 선출 임원 회장 1명, 부회장 1명 (남·녀 구분 없음)

4 선거 방침

가. 3~6학년 학급의 모든 학생이 학급 임원 선거에 입후보할 수 있다. 단, 학생회장단에 당선된 학생은 학급 임원 선거에 입후보할 수 없다.

나. 2025년 9월 본교 재학 중인 3~6학년 학생 중 투표일에 등교한 학생이 투표에 참여할 수 있다.

다. 투표 용지에 후보자의 이름을 적는 종이 투표로 실시한다.

라. 학급 임원에 입후보하지 않은 학생 중 학급 선거 관리 위원(이하 학급 선관위) 2인을 선정하여 별도 개표하고, 최종 결과를 발표한다.

5 선출 기준

순서	종류	대상 및 기준	방법
1	예선 투표 (필요 시)	•입후보자가 5명을 초과할 경우에만 실시 •득표자 5명을 선정하되, 5위에 동점자가 있을 경우에는 동점자 전원을 회장 입후보자로 정함	1) 투표 용지에 1명 기재 2) 개표: 학급 선관위 　　(담임 교사 참관)
2	학급 임원 투표	•최고 득표자가 회장으로 당선됨 •㉠차순위 득표자가 부회장으로 당선됨 •2인 이상이 최고 득표를 한 경우에는 해당자만 재투표	예선 투표와 동일

2025. 9. 1. 풀잎초등학교장

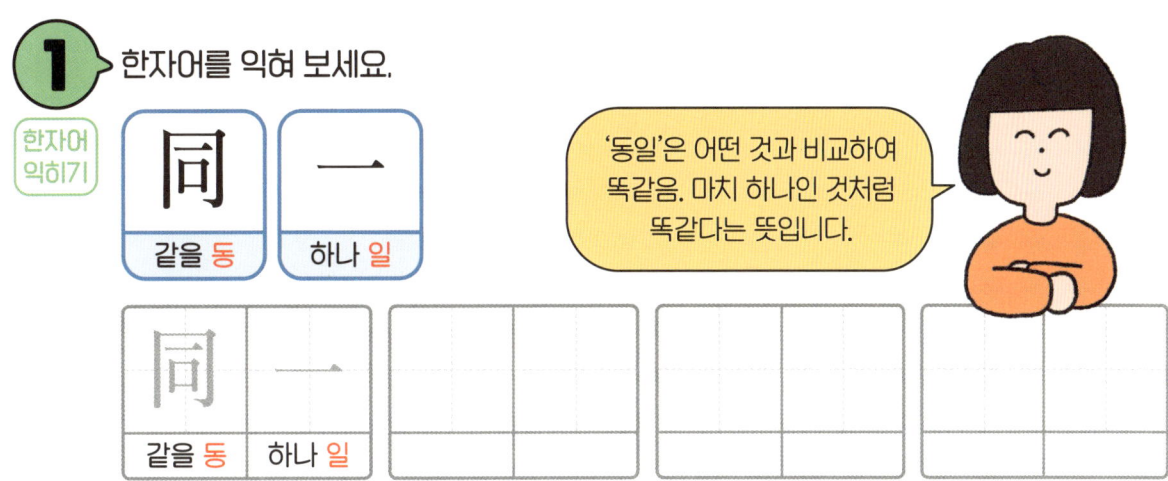

 한자어를 익혀 보세요.

'동일'은 어떤 것과 비교하여 똑같음. 마치 하나인 것처럼 똑같다는 뜻입니다.

同 같을 동 / 一 하나 일

'같을 동(同)'이 들어간 다른 낱말
- ▶ 동갑(同甲): 같은 나이
- ▶ 합동(合同): 두 개의 도형을 서로 포개었을 때 꼭 맞는 것

 왼쪽의 가정 통신문을 읽고, 아래 내용이 맞으면 O, 틀리면 X 표시를 하세요.

- 남자 회장 1명, 여자 회장 1명 모두 2명을 뽑는다. (   )
- 투표일에 결석을 해도 투표에 참여할 수 있다. (   )

 ㉠차순위 득표자는 어떤 뜻일까요? 추측해서 써 보세요.

4 왼쪽의 가정 통신문을 읽고 친구들이 이야기를 나누고 있습니다. 잘못 이해하고 있는 친구는 누구인가요? (   )

① 영서: 1, 2학년은 학급 임원 선거를 하지 않는구나.
② 우진: 후보가 4명이면, 예선 투표를 할 필요가 없겠구나.
③ 진수: 2명이 동점이면, 다시 처음부터 투표하는 거구나.
④ 연지: 투표 용지에는 1명의 이름만 적어야 하는구나.

> 신문 기사

2025년 2월 7일

아침 최저 영하 15~0도, 낮 최고 영하 8~3도

금요일인 2월 7일은 전국이 대체로 흐리고 대부분 지역에 눈이 내리겠다. 아침 최저 기온은 영하 15도로 강추위가 이어진다.

기상청은 "중부 지방과 전라권을 중심으로 매우 많은 눈이 내리는 곳이 있겠다."며 "수도권과 강원 내륙·산지는 오전에, 충청권과 경상권은 오후에 대부분 그친다."고 예보했다.

2월 7일 최저 기온은 영하 15~0도, 낮 최고 기온은 영하 8~3도를 오르내린다.

주요 지역 아침 최저 기온은 △서울 영하 12도 △인천 영하 10도 △춘천 영하 11도 △강릉 영하 6도 △대전 영하 9도 △대구 영하 4도 △전주 영하 7도 △광주 영하 3도 △부산 영하 1도 △제주 3도다. 낮 최고 기온은 △서울 영하 6도 △인천 영하 6도 △춘천 영하 6도 △강릉 영하 3도 △대전 영하 6도 △대구 영하 2도 △전주 영하 4도 △광주 영하 2도 △부산 3도 △제주 4도다.
미세 먼지는 전 권역이 '좋음'~'보통' 수준으로 예상된다.

 **한자어를 익혀 보세요.**

한자어 익히기

強 추위
강할 강

힘이 센, 강한 추위를 '강추위'라고 해요. 강추위에 대비하기 위해서 목도리, 장갑, 두꺼운 외투를 꼭 준비하세요.

強	強	強	強	強
강할 강	강할 강	강할 강	강할 강	강할 강

'강할 강(強)'이 들어간 다른 낱말
▶ 최강(最強): 가장 강한 것
▶ 강자(強者): 강한 사람

 **왼쪽의 신문 기사를 읽고, 아래 내용이 맞으면 O, 틀리면 X 표시를 하세요.**

내용 이해하기

- 2월 7일에는 전국이 흐리고 비가 내릴 예정이다. (   )
- 2월 6일은 목요일이다. (   )

3 **각 지역 최저 기온을 적어 보세요.**

어휘 알기

서울 [   ] 인천 [   ] 춘천 [   ] 대구 [   ]

 **왼쪽의 신문 기사를 읽고 친구들이 이야기를 나누고 있습니다. 잘못 이해하고 있는 친구는 누구인가요? (   )**

적용하기

① 지안: 그래도 제주도는 기온이 영하로 떨어지진 않을 거야.
② 지수: 서울, 인천, 춘천 중에 제일 추운 도시는 서울이야.
③ 소연: 세상에! 저녁 늦게까지 눈이 내린다니.
④ 도훈: 그래도 미세 먼지는 나쁘지 않아서 다행이야.

카드 뉴스

물고기도 치료받을 수 있다고?

반려동물 천만 시대!
물고기 건강을 책임지는 전문가를 만나 보자!

Q 수산 질병 관리사는 누구인가요?

수산 생물의 질병을 전문적으로 치료하는 전문가!
- 물고기 질병 예방 및 치료
- 약 처방, 수술 등 질병 관리
- 양식장, 어장, 아쿠아리움 등에서 활동

Q 수산 질병 관리사, 왜 필요하고 어디에서 근무할까요?

- 안전한 수산물 공급을 위해 필요해요!
- 수산 질병 관리원, 연구소, 제약 회사 등에서 근무할 수 있어요!

Q 수산 질병 관리사의 주요 업무는 뭔가요?

- 양식장을 방문해서 물고기를 진료하고 진단해요.
- 약을 처방해 주거나, 건강을 잃었다면 그 원인을 찾는 일을 해요.
- 수질 환경을 개선하고 질병을 예방하는 역할도 한답니다.

Q 어떻게 수산 질병 관리사가 될 수 있어요?

- 수산 생명 의학과를 졸업하고
- 해양 수산부가 주관하는 수산 질병 관리사 국가 시험에 합격해야 해요.
- 수산 생물 기초 의학, 수산 생물 임상 의학, 수산 생물 질병 관리 법규 등 세 과목의 시험을 봐요.

물고기도 치료받을 권리가 있어요!

물고기 생명을 지키는 수산 질병 관리사에 도전해 보세요!

 **1** 한자어 익히기

한자어를 익혀 보세요.

 물 수　 낳을 산

水 産
물 수　낳을 산

바다, 강 같은 물에서 태어나는 것을 '수산'이라고 말해요.

'물 수(水)'가 들어간 다른 낱말

▶ 수영(水泳): 물에서 헤엄치는 것
▶ 식수(食水): 먹을 수 있는 물

 **2** 내용 이해하기

왼쪽의 카드 뉴스를 읽고, 아래 내용이 맞으면 O, 틀리면 X 표시를 하세요.

- 물고기도 병에 걸리면 먹을 수 있는 약이 있다. (　　)
- 수산 질병 관리사 덕분에 수질 환경이 개선되기도 한다. (　　)

 **3** 어휘 알기

다음 중 '수산 질병 관리사'의 모습이 <u>아닌</u> 것을 고르세요. (　　)

① 　② 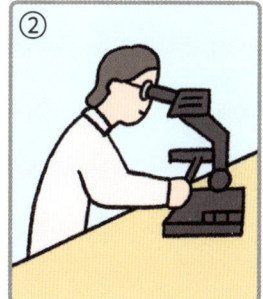　③ 　④

4 적용하기

왼쪽의 카드 뉴스를 읽고 친구들이 이야기를 나누고 있습니다. 카드 뉴스의 주제에서 벗어난 이야기를 하는 친구는 누구인가요? (　　)

① 지안: 진짜 멋있는 직업이다. 생명을 다루는 일이니까 더 보람 있을 거야.
② 지수: 학교 수족관에 있는 금붕어도 수산 질병 관리사의 도움을 받으면 좋겠어.
③ 소연: 나는 물고기가 언제 잠을 자는지 너무 궁금해.
④ 현지: 물고기 의사 선생님! 이색 직업이라 더 흥미로워 보여.

[설문 조사] 주 4일 등교, 어떻게 생각하세요?

만약 학교가 주 4일 등교를 시행한다면 어떨까요? 놀라지 마세요! 예전에는 토요일에도 등교를 했었답니다. 대신 오전에만 수업을 했지요. 2005년부터 격주로 토요일에는 등교하지 않는 토요 휴업제가 시작되었어요. 그러다가 2012년부터 완전히 주 5일제가 정착되었어요.

만약 학교에 주 4일제가 도입된다면 어떤 점이 좋을까요? 일단 아이들이 좀 더 쉴 수 있겠죠. 학업과 휴식이 균형을 이룰 수 있을 거예요.
하지만 좋은 점만 있는 건 아닙니다. 특히 맞벌이 등의 이유로 평일에 아이들을 돌봐 줄 보호자가 없을 수도 있죠. 아이들의 생활 습관이나 일상에 좋지 않을 수도 있고요.

여러분은 주 4일 등교에 대해 어떻게 생각하시나요? 여러분의 솔직한 의견을 이야기해 주세요. 설문에 참여하신 분들 중 개인 정보 제공에 동의해 주신 분들께 추첨을 통해 선물을 드리겠습니다! 이번 설문 조사에 많은 참여 부탁드려요!

- **참여 기간** 25.08.11.(수)~25.08.21.(목)
- **당첨자 발표** 25.08.22.(금) 풀빛 교육 블로그에서 당첨자 발표
  *선물은 8/25(월)에 발송됩니다.
- **참여 선물** 바나나우유 기프티콘 20명
- **참여 방법** 댓글 달기(중복 작성해도 1회 응모로 간주)

*이벤트 참여자 중 개인 정보 수집에 동의한 분들 중 추첨을 통해 선물을 드립니다.
*이벤트 문의: school@pulbit.co.kr

 **1** 한자어를 익혀 보세요.

한자어 익히기

학교에 오르는 것. 다시 말해 학교에 가는 것을 '등교'라고 해요. 반대말은 무엇일까요? 등교의 반대말은 '하교'랍니다.

登 오를 등   校 학교 교

登 오를 등   校 학교 교

'학교 교(校)'가 들어간 다른 낱말
▶ 교장(校長): 학교의 으뜸 직위, 책임자
▶ 교가(校歌): 학교를 상징하는 노래

 **2** 왼쪽의 블로그를 읽고, 아래 내용이 맞으면 O, 틀리면 X 표시를 하세요.

내용 이해하기

- 우리나라도 학교에 주 4일제가 곧 시행될 예정이다. (   )
- 주 4일 등교를 찬성하는 사람들이 더 많다. (   )

 **3** 다음 중, '주 4일 등교'의 단점을 나타낸 그림은 무엇인지 모두 고르세요. (   )

어휘 알기

 **4** 왼쪽의 블로그를 읽고 친구들이 이야기를 나누고 있습니다. 잘못 이해하고 있는 친구는 누구인가요? (   )

적용하기

① 지안: 주 4일제도 좋지만, 학교에서 친구들과 함께 있는 것이 좋아서 주 5일제에 한 표!
② 지수: 주 4일제를 하면 가족여행을 많이 다닐 수 있어서 좋을 것 같아!
③ 소연: 여러 개 댓글을 달아도 1개 댓글 단 것으로 치는구나!
④ 나진: 댓글을 쓰면 모두 바나나우유를 받을 수 있어!

02 구석기 시대 사람들의 생활
불을 이용하기 시작하다

구석기 시대에는 매우 추운 시기가 많았어. 사람들은 추위를 피하고 몸을 보호하기 위해 동물 가죽을 다듬어 몸에 두르거나 풀을 엮어서 몸을 가렸지. 또 추위와 비바람을 피할 수 있는 집도 필요했어. 구석기 시대 사람들은 동굴을 집으로 이용했지. 동굴 안은 추위와 눈보라, 비바람을 피할 수 있고 사나운 맹수를 막을 때도 편했거든. 동굴 주변에 먹을거리가 떨어지면 다른 곳으로 옮겨 가 새로운 동굴을 찾았지.

한편 구석기 시대 사람들은 불을 능숙하게 다루기 시작했어. 이전에는 벼락이 쳐서 산불이 날 때 얻은 불씨를 동굴에 보관해 두었다가 사용했는데, 이젠 나무 막대를 다른 나무에 대고 비벼서 마찰열로 불씨를 만드는 방법을 알아냈지.

불의 이용은 생활을 한층 발전시켰어. 동굴 입구에 불을 피워 추위와 맹수를 막을 수 있었고, 횃불로 어둠을 밝혀 밤에도 활동할 수 있었지. 고기도 불에 익혀 먹게 되었어. 그러면서 소화를 잘 시켜 사람들의 몸이 더욱 좋아졌고, 덕분에 두뇌도 ☐

출처: 《한 컷 쏙 생활사》 윤상석 글, 박정섭 그림

 **1** 한자어 익히기

한자어를 익혀 보세요.

 利 이로울 리(이)  用 쓸 용

이롭게 쓰는 것을 '이용'이라고 말해요.

 利 이로울 리(이)  用 쓸 용

─ '쓸 용(用)'이 들어간 다른 낱말 ─
▶ 용수(用水): 어떤 목적을 위해 멀리서 끌어온 물
▶ 작용(作用): 어떠한 현상을 일으키거나 영향을 미침

 **2** 내용 이해하기

왼쪽의 책을 읽고, 아래 내용이 맞으면 O, 틀리면 X 표시를 하세요.

- 구석기 시대 사람들은 불을 능숙하게 만들고 다룰 수도 있었다. (   )
- 불을 사용하게 되면서 생겨난 여러 가지 위험한 일도 있다. (   )

 **3** 어휘 알기

다음은 구석기 시대 사람의 모습을 그림으로 나타낸 것입니다. <u>틀린</u> 것은 무엇인가요?

 ①  ②  ③  ④

 **4** 적용하기

책 속 빈칸에 들어갈 내용으로 가장 알맞은 것은 무엇인가요? (   )

① 점점 더 나빠지게 됐어.
② 점점 더 복잡해졌어.
③ 점점 더 커졌어.
④ 점점 더 발달했어.

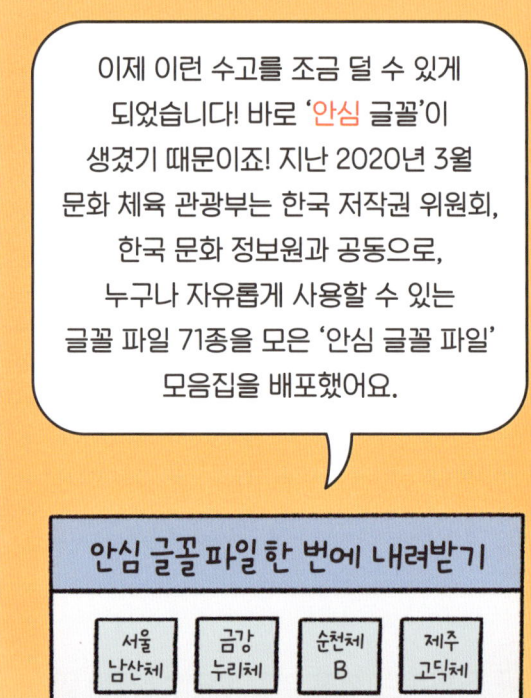

 한자어를 익혀 보세요.

 한자어 익히기

 편안할 안
 마음 심

편안한 마음을 '안심'이라고 말해요.

安	心						
편안할 안	마음 심						

'편안할 안(安)'이 들어간 다른 낱말
▶ 안전(安全): 위험이 생기거나 사고가 날 염려가 없음
▶ 문안(問安): 웃어른에게 안부를 여쭘

 왼쪽의 동영상을 보고, 아래 내용이 맞으면 O, 틀리면 X 표시를 하세요.

 내용 이해하기

- 안심 글꼴 파일은 문화 체육 관광부에서 배포했다. (   )
- 안심 글꼴 파일에는 총 100개의 글꼴이 포함되어 있다. (   )

 인터넷에서 글꼴을 다운로드 할 때 무엇을 주의해야 할까요? 정답을 모두 고르세요. (   )

적용하기

① 무료인지 유료인지 확인한다.
② 무료라면 무조건 다운로드 해도 된다.
③ 유료라면 부모님의 허락을 구한다.
④ 무료라고 해도 출처가 확실한지 확인한다.

 동영상 속 빈칸에 들어갈 내용으로 어울리지 <u>않는</u> 것은 무엇인가요? (   )

적용하기

① 큰 관심을 받았다고 해요.
② 큰 인기를 얻었다고 해요.
③ 큰 호응을 얻었다고 해요.
④ 큰 비난을 받았다고 해요.

가정 통신문

2025학년도 독서 마라톤 참여 안내

안녕하세요? 학부모님 댁내에 건강과 행운이 함께 하시길 기원합니다. 본교 도서관에서는 학생들의 꾸준한 독서 습관 함양을 위한 '독서 마라톤'을 진행합니다. 학생들이 많이 참여할 수 있도록 각 가정에서 격려와 협조 부탁드립니다.

행사 안내

1 행사 일정

신청 기간: 2025년 3월 10일(월)~7월 4일(금)
행사 기간: 2025년 3월 24일(월)~7월 11일(금) 총 16주
　　　　　(※7월 18일 반납 도서까지 기록 인정)

2 참가 방법

도서관 사서에게 신청서를 제출한 학생에게 행사 시작 후 첫 대출 시 기록장 배부
▷신청서는 가정 통신문 개별 출력 후 작성·제출 혹은 도서관에 비치된 신청서 이용

3 행사 진행

① 학교 도서관에서 대출한 책을 읽은 후 기록지에 '도서명'과 읽은 '쪽수'를 기록하고 부모님께 확인을 받습니다. (만화책은 기록 제외, 누적 쪽수 반드시 기록)
② 매번 기록된 쪽수와 누적 쪽수를 사서가 확인하며, 참여한 모든 학생의 기록은 사서가 별도 관리합니다.
③ 학년별 목표에 도달한 학생은 기록장을 도서관에 제출합니다.
④ 완주한 학생에게는 완주 증서와 소정의 선물을 지급합니다.

4 학년별 참가 종목

학년	참가 종목 (1쪽당 1km)	방법
1학년	30권	※면수가 없는 그림책의 경우, 책 제목이 있는 페이지부터 1쪽입니다.
2학년	1500km	
3~4학년	4000km	
5~6학년	5000km	

2025. 3. 4. 풀잎초등학교장

 **한자어 익히기**

1. 한자어를 익혀 보세요.

읽을 독 / 책 서

책을 읽는 것을 '독서'라고 하죠?

'책 서(書)'가 들어간 다른 낱말
▶ 도서(圖書): 그림, 글씨, 책 등을 통틀어 이르는 말
▶ 서재(書齋): 책을 보관하는 방

 **내용 이해하기**

2. 왼쪽의 가정 통신문을 읽고, 아래 내용이 맞으면 O, 틀리면 X 표시를 하세요.
   - 독서 마라톤은 책을 읽으면서 운동장을 달리는 것이다. (   )
   - 독서 마라톤은 모든 학년의 어린이가 참여할 수 있다. (   )

 **적용하기**

3. 독서 마라톤에 참여하는 어린이의 모습을 순서대로 적어 보세요. (-   -   -   )

㉠ 책 읽기 / ㉡ 신청서 제출 / ㉢ 책 고르기 / ㉣ 기록장 제출

적용하기

4. 왼쪽의 가정 통신문을 읽고 친구들끼리 나눈 대화입니다. 가정 통신문의 내용과 <u>다른</u> 이야기를 하고 있는 친구는 누구인가요? (   )

① 연지: 학교에서 독서 마라톤을 한대. 그림책도 기록으로 인정해 주네.
② 구현: 나는 학습 만화책 시리즈를 몽땅 읽고 쪽수 기록을 해야겠어.
③ 영석: 그런데 1학년은 쪽수에 상관없이, 그냥 30권만 읽으면 완주인가 봐.
④ 일수: 우리는 3학년이니까 4000km네? 그럼 4000쪽을 읽어야 한단 말이지?

> 신문 기사

2025년 2월 10일

금메달 없던 종목에서 금·은·동 '싹쓸이' …새 역사 쓴 여자 쇼트 트랙 [하얼빈 AG]

대한민국 여자 쇼트 트랙 대표팀 선수들이 '새 역사'를 썼다. 그동안 단 한 번도 금메달을 차지하지 못했던 동계 아시안 게임(AG) 쇼트 트랙 여자 500m 종목에서 사상 첫 금메달은 물론 은메달, 동메달까지 모두 싹쓸이했다.

최민정과 김길리(이상 성남시청), 이소연은 8일 중국 하얼빈 헤이룽장 빙상 훈련 센터 다목적홀에서 열린 대회 쇼트 트랙 여자 500m 결승에서 차례로 결승선을 통과하며 금·은·동메달을 싹쓸이했다. 기록은 최민정이 43초 016으로 가장 빨랐고, 김길리(43초 105)와 이소연(43초 203) 순이었다.

스타트부터 가장 빨랐던 최민정은 시작과 동시에 선두로 치고 나갔고, 이소연과 김길리도 그 뒤를 이었다. 5명이 펼치는 결승 레이스에 한국 선수가 나란히 1~3위를 질주하고, 그 뒤를 중국의 왕신란과 일본의 시마다가 뒤쫓는 양상이 이어졌다.

최민정은 단 한 번도 선두 자리를 내주지 않았고, 김길리는 결승선 두 바퀴를 남기고 2위로 올라섰다. 결국 결승선은 최민정과 김길리, 이소연 순으로 통과했다. 한국 선수들이 금메달과 은메달, 동메달을 싹쓸이하는 순간이었다. 그야말로 압도적인 레이스였다.

결국 최민정의 금메달과 함께 한국 여자 쇼트 트랙은 사상 처음으로 동계 AG 쇼트 트랙 여자 500m 금메달과 더불어 처음으로 금·은·동메달 획득이라는 새 역사를 썼다.

이날 쇼트트랙 모든 일정을 마친 뒤 진행된 여자 500m 시상식에서는 태극기만 3개가 오르며 애국가가 울려 퍼졌다.

 한자어를 익혀 보세요.

한자어 익히기

愛	國	歌
사랑 애	나라 국	노래 가

'애국가'는 나라를 사랑하는 마음이 담긴 노래라는 뜻으로, 안익태 선생님이 작곡하셨어요.

愛	國	歌			
사랑 애	나라 국	노래 가			

'나라 국(國)'이 들어간 다른 낱말
- 국내(國內): 나라 안
- 국외(國外): 나라 밖

 왼쪽의 신문 기사를 읽고, 아래 내용이 맞으면 O, 틀리면 X 표시를 하세요.

내용 이해하기

- 우리나라 쇼트 트랙이 아시안 게임 여자 500m 종목에서 첫 금메달을 땄다. (   )
- 금메달, 은메달, 동메달 모두 우리나라 선수들이 차지했다. (   )

 신문 기사를 다시 한번 읽고, 선수 이름에 맞는 기록을 숫자로 적어 주세요.

내용 이해하기

김길리 [   ]   이소연 [   ]

 풀잎이는 왼쪽 신문 기사를 읽고, 쇼트 트랙 경기 규칙이 궁금해서 인터넷 검색을 했습니다. 검색 결과를 읽고 풀잎이가 한 생각으로 바르지 못한 것은 무엇인가요? (   )

적용하기

쇼트 트랙은 크게 개인(4~8명 경주)과 단체 종목(계주 4명)으로 나뉜다. ▶남자는 500-1000-1500m 및 5000m 계주 ▶여자는 500-1000-1500m 및 3000m 계주, 남녀 혼성 계주(2000m)가 있다.

구분	남녀 개인/단체 종목(종목 수)	구분
500m	남자, 여자 개인 종목(2)	4.5바퀴
1000m	남자, 여자 개인 종목(2)	9바퀴
1500m	남자, 여자 개인 종목(2)	13.5바퀴
2000m 계주	남녀 혼성 계주(1)	18바퀴
3000m 계주	여자 단체 종목 계주(1)	27바퀴
5000m 계주	남자 단체 종목 계주(1)	45바퀴

① 쇼트 트랙은 혼자서 하는 경기구나.
② 500m는 트랙을 4바퀴 반을 돌아야 하네.
③ 남녀가 함께하는 경기도 있어!
④ 남자 단체 계주는 무려 45바퀴를 돌아야 해.

카드 뉴스

따릉이 사용법을 알려 줄게!

따릉이는 서울시에서 운영하는 공공 자전거 이름입니다. 따릉이 앱을 먼저 설치해 주세요!

이용권 구매

따릉이를 타려면 먼저 이용권 구매!
- 일일권(1시간권, 2시간권)
- 정기권(7일권, 30일권, 180일권, 365일권)
- 티머니, 후불 교통 카드 등록 시 대중교통 환승 가능

따릉이 대여소 찾기

- 따릉이 앱에서 대여소를 검색해요!
- 대여소 위치와 이용 가능한 따릉이를 볼 수 있어요.

따릉이 대여 방법

- 원하는 자전거 선택 후 QR코드 스캔!
- 앱에서 대여하기 클릭!
- 잠금 해제되면 출발~!

따릉이 주행

- 따릉이를 잠깐 멈출 때는 도난 방지를 위해 뒷바퀴 잠금장치를 꼭 내려 주세요.
- 반납할 때도 꼭 뒷바퀴 잠금장치를 내려 주세요.

따릉이 반납

- 가까운 따릉이 대여소에 반납!
- 거치대에 자전거 올리기
- 잠금장치 내리면 반납 완료!

 한자어를 익혀 보세요.

 한자어 익히기

 빌릴 대
 줄 여

빌려주는 것을 '대여'라고 말해요.

빌릴 대 | 줄 여

'빌릴 대(貸)'가 들어간 다른 낱말
▶ 대출(貸出): 돈이나 물건 따위를 빌려주거나 빌림
▶ 대금(貸金): 빌려준 돈

 내용 이해하기

2 왼쪽의 카드 뉴스를 읽고, 아래 내용이 맞으면 O, 틀리면 X 표시를 하세요.

- '따릉이'는 서울시의 공공 자전거 이름이다. (　　)
- 일일권에는 네 가지 종류가 있다. (　　)

 어휘 알기

3 다음 중 '따릉이 사용법'을 순서에 맞게 나열한 것은 무엇인가요? (　　)

① 이용권 구매 → 대여 → 주행 → 반납
② 이용권 구매 → 대여 → 반납 → 주행
③ 이용권 구매 → 주행 → 대여 → 반납
④ 반납 → 주행 → 대여 → 이용권 구매

 적용하기

4 왼쪽 카드 뉴스를 읽고 사람들이 따릉이에 대한 건의 사항을 이야기 나눴습니다. 카드 뉴스를 제대로 이해하지 못한 사람은 누구인가요? (　　)

① 동생(9세): 안전을 위해서 안전 모자도 함께 대여해 주면 좋겠어요.
② 엄마(41세): 20분만 대여하고 싶은데, 1시간보다 더 짧게 빌릴 수 있도록 해 주세요!
③ 이모(27세): 내가 타고 싶은 자전거를 직접 고르고 싶은데, 그럴 수 없어서 불편해요!
④ 할머니(75세): 저처럼 앱 설치가 서툰 사람을 위해 앱 없이 사용할 수 있는 방법도 필요해요!

안녕하세요.
오늘 포스팅은 바로 우리나라 동쪽 끝에 위치한 섬, 독도!
'독도'의 옛 이름에 대한 포스팅입니다.

'독도'라는 이름은 언제부터 사용했을까요?
오늘날 우리가 부르는 '독도(獨島)'라는 이름이 등장하는 문서는 놀랍게도 일본인이 작성한 문서입니다. 바로 1904년 일본 군함 니타카호의 '항해 일지'인데요. 그곳에 "한국인은 리앙코루도 암을 '독도(獨島)'라고 쓰며, 일본 어부 등은 짧게 줄여 '량코 도'라고 호칭한다"라고 기록되어 있다고 해요.

그렇다면 우리나라 문서에는 언제 처음 '독도'라는 말이 등장할까요? 1906년에 작성된 심흥택 울릉 군수의 보고서에 "본군 소속 독도(獨島)가……"라는 내용으로 처음 등장해요. 당시 울릉도 주민들은 독도를 '독섬'이라고 불렀는데, 이는 '돌섬'을 의미하는 사투리입니다. '독도(獨島)'라는 이름은 바로 '독섬'의 발음을 한자로 표기한 것이지요.
그렇다면 독도의 또 다른 이름은 없을까요? 있습니다!
우산도! 우산도는 울릉도에 있었던 고대 소국 우산국에서 비롯된 이름이에요.
석도라는 이름도 있었어요. 섬 전체가 바위로 되어 있다는 뜻이래요.

한편, 일본인들은 독도를 '송도(松島)'라고 불렀고, 울릉도를 '죽도(竹島)'라고 불렀습니다. 또 독도를 '량코 도' 또는 '리앙코루도 암'이라는 이름으로도 불렀습니다. 오늘날 일본은 독도를 '다케시마(竹島)'라고 부르고 있죠. 그 이름은 1905년부터 시작되었다고 해요.

우리 땅 독도. 소중한 독도를 지키기 위해서라도 독도에 대해 자세히 알아야겠어요.

 한자어를 익혀 보세요.

'동쪽'은 해가 떠오르는 쪽이에요.
동쪽의 반대편은 서(西)쪽이지요.

'동녘 동(東)'이 들어간 다른 낱말

▶동산(東山): 동쪽에 있는 산
▶동해(東海): 우리나라 동쪽의 바다

 왼쪽의 블로그를 읽고, 아래 내용이 맞으면 O, 틀리면 X 표시를 하세요.

- 독도라는 이름이 처음 등장한 문서는 한국에서 작성된 것이다. (　　)
- 우산도라는 이름은 독도의 또 다른 이름이다. (　　)

 풀잎이는 블로그를 읽고 독도가 정확히 어디에 있는지 궁금해졌습니다. 다음 중 풀잎이가 검색어로 입력해야 할 것은 무엇인가요? (　　)

① 독도의 역사
② 독도에 사는 생물
③ 독도에 사는 주민
④ 독도의 위치

 풀잎이네 반 친구들이 블로그 내용에 제목을 붙여 보았습니다. 가장 적절하게 제목을 붙인 친구는 누구인가요? (　　)

① 지안: '독도의 이름, 그것이 알고 싶다!'
② 지수: '독도의 생김새, 내가 알려 줄게!'
③ 소연: '왜 독도는 우리나라 땅일까?'
④ 나진: '독도 가는 방법, 꼼꼼히 알아보기!'

51 조선 시대의 교육
교육의 시작 서당

조선 시대에는 7~8세가 되면 서당에 들어가 공부를 했어. 서당은 마을의 양반과 일반 백성이 뜻을 모아 세운 사설 교육 기관으로 오늘날의 초등학교와 중학교라고 할 수 있는데, 학생들이 대부분 남자아이였어. 서당에서는 예의범절과 붓글씨 쓰는 법, 《천자문》, 《사자소학》, 《명심보감》 등 유학의 기초를 배웠지. 서당 선생님은 훈장이라고 불렀는데, 재산이 넉넉한 집안에서 모셔 오거나 한문을 익힌 사람이 부탁을 받고 훈장이 되기도 했어. 훈장은 수업료로 쌀과 땔나무, 옷을 받아 생활했고, 학부모가 형편에 맞게 떡이나 음식을 마련해 보내기도 했지.

학생들은 15~16세에 서당 교육을 마치고 오늘날의 중고등학교에 해당하는 향교와 4부 학당에 들어갔어. 향교는 지방의 수령이 있는 읍에 설치되었고, 4부 학당은 서울에 있었는데, 모두 나라에서 세운 교육 기관이야. 이 두 교육 기관에서는 《소학》과 《사서오경》을 공부했고, 성적이 좋은 학생들은 과거 시험을 볼 수 있었어. 향교에는 공자와 맹자처럼 _____ 옛 유학자들을 사당에 모시고 제사를 지내는 기능도 있었지. 지방에는 사림들이 세운 사립 학교인 서원도 있었어. 서원은 향교와 마찬가지로 옛 유학자들에게 제사를 지냈으며, 유교 경전을 공부했어. 이곳에서 공부해도 과거 시험을 볼 수 있었는데, 나중에는 향교보다 더 많은 과거 합격자를 배출하기도 했어.

출처: 《한 컷 쏙 생활사》 윤상석 글, 박정섭 그림

1 한자어를 익혀 보세요.
<small>한자어 익히기</small>

장인 공 / 지아비 부

'공'은 일하는 사람, '부'는 힘쓰는 어른이라는 뜻이에요. 그래서 '공부'는 힘을 들여 익히는 것을 말해요.

工夫						
장인 공	지아비 부					

'장인 공(工)'이 들어간 다른 낱말
▶ 공사(工事): 집이나 도로 등을 만들어 내는 일
▶ 공장(工場): 물건을 만들기 위해 기계와 사람들이 일하는 곳

2 왼쪽의 책을 읽고, 아래 내용이 맞으면 O, 틀리면 X 표시를 하세요.
<small>내용 이해하기</small>

- 서당은 지금의 초등학교와 중학교에 해당한다. (   )
- 서당을 졸업하면 향교, 서원, 4부 학당 중 한 곳에 다녔다. (   )

3 풀잎이는 조선 시대 서당의 모습이 궁금해서 서당 그림을 찾아본 뒤 일기를 썼습니다. 일기의 내용 중 왼쪽 책의 내용과 일치하는 것을 모두 고르세요. (   )
<small>내용 이해하기</small>

나는 오늘 ㉠조선 시대의 학교에 대한 책을 읽었다. 조선 시대 아이들은 7, 8세가 되면 서당에 갔다고 한다. ㉡주로 남자아이들만 다녔는데, 공부를 남자만 할 수 있었다니 조금 불공평한 것 같다. 서당에서는 ㉢붓글씨도 배우고, 천자문이나 명심보감도 배웠다고 한다. 덧셈 뺄셈은 누가 알려 주었을지 궁금해졌다. ㉣서당 선생님을 훈장님이라고 불렀다고 한다. 서당 그림을 찾아보니, 훈장님 책상만 있고, 아이들한테는 책상이 없었다. 바닥에다 책을 놓고 공부하면 너무 힘들 것 같다. 튼튼하고 예쁜 책상이 있는 지금이 훨씬 좋다!

4 책 속 빈칸에 들어갈 내용으로 어울리지 <u>않는</u> 것은 무엇인가요? (   )
<small>어휘 알기</small>

① 본받을 만한   ② 존경스러운   ③ 결점이 많은   ④ 본보기가 되는

동영상

구독자 여러분~ 안녕! 신기방기뿡뿡방기 신뽕TV의 신뽕이입니다~!

요즘 날씨가 정말 춥죠? 이렇게 추운 날, 버스를 타고 박물관에 다녀왔어요! 박물관에 가는 버스를 기다리는데 어찌나 춥던지요!

그런데 여러분, 버스 정류장에 추위 대피소가 있는 곳도 있어요.

여기 보세요. 튼튼한 비닐 가림막이 사방으로 설치된 추위 대피소 덕분에 쌩쌩 불어오는 바람을 피할 수 있어요.

이런 추위 대피소도 있군요! 투명한 벽이 있어서 바람도 들어오지 않고, 바깥도 깨끗하게 볼 수 있어요. 추위 말고도 비와 눈도 피할 수 있겠지요?

시민 중심의 배려가 느껴지는 추위 대피소가 있는 버스 정류장. 너무 멋지지 않나요?

이런 버스 정류장이 우리 동네에 더 〔   〕 좋겠어요. 추운 날씨에 대중교통을 이용하는 사람들이 한결 편리하겠지요?

1 한자어를 익혀 보세요.

한자어 익히기

'중심'은 사물이나 행동에서 매우 중요하고 기본이 되는 부분을 말해요.

中	心						
가운데 중	마음 심						

'가운데 중(中)'이 들어간 다른 낱말

▶ 중소(中小): 규모나 수준 등이 중간 정도인 것과 그 이하인 것
▶ 수중(手中): 손 안, 무엇을 손에 넣음

2 왼쪽의 동영상을 보고, 아래 내용이 맞으면 O, 틀리면 X 표시를 하세요.

내용 이해하기

- 추위 대피소는 버스 정류장에서 찬바람을 피할 수 있도록 만든 시설이다. (   )
- 추위 대피소는 모든 버스 정류장에 설치되어 있다. (   )

3 왼쪽의 동영상을 보고 댓글을 달았습니다. 위 영상과 <u>관계 없는</u> 내용의 댓글은 무엇인가요? (   )

적용하기

① ID 반짝반짝: 사람들이 많이 이용하는 정류장에는 추위 대피소가 꼭 있어야겠어요.
② ID 꿀떡콩떡: 저는 추위보다 더위를 더 못 참아요. 더위 대피소도 있으면 좋겠어요!
③ ID 호로록커피한잔: 버스 요금이 너무 비싸요! 요금을 내려 주세요!
④ ID 달콤딸기: 여럿이 사용하는 추위 대피소니까 깨끗이 사용해야겠어요.

4 동영상 속 빈칸에 들어갈 내용으로 어울리지 <u>않는</u> 것은 무엇인가요? (   )

적용하기

① 늘어나면
② 생겼으면
③ 많아졌으면
④ 커졌으면

가정 통신문

백일해 예방 안내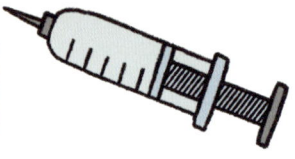

교내에 백일해 환자가 발생하여 주의 사항을 안내하여 드립니다. 백일해는 지속적인 기침을 주요 증상으로 하며 대부분 항생제 복용으로 치료가 가능하나 <u>전염력이 매우 높은 2급 법정 감염병</u>으로 확산 방지를 위한 세심한 <u>주의</u>가 필요합니다. 초기 증상은 감기와 비슷하나 증상이 심해지면 발작성 기침과 숨을 들이쉴 때 높은 '흡' 소리가 납니다. 기침이 지속되면 반드시 의료 기관을 방문하여 진료를 받으시길 바랍니다.

1 증상 백일해 잠복기는 일반적으로 7~10일(최소 4일~최장 21일)입니다. 증상은 크게 3가지 단계로 진행되고 발열은 심하지 않습니다.

카타르기	- 콧물, 눈물, 경한 기침 등의 상기도 감염 증상이 1~2주 동안 나타남 - 백일해균의 증식이 가장 왕성하여 전염성이 제일 높은 시기
발작기	- 발작성 기침이 있으며, 기침 후 구토, 무호흡 등의 증상이 나타남 - 최근 확진자들은 전형적인 백일해 증상이 뚜렷하지 않고 가벼운 기침으로 발견되는 경우가 많았음
회복기	- 발작성 기침의 횟수나 강도가 호전 - 회복은 천천히 진행되고 2~3주 후 기침은 소실되지만 비발작성 기침은 수주간 지속될 수 있음

2 치료 방법 주로 항생제 치료를 합니다.

3 확진자 관리 (항생제 복용 시) 투여 시작 후 5일까지 격리
(항생제 치료를 하지 않는 경우) 기침 멈출 때까지 최소 3주 이상 격리

4 걸렸거나 의심될 경우

1. 백일해에 걸렸거나 의심될 경우 의료 기관에 내원하여 진료 및 검사를 받도록 합니다.
2. 백일해를 진단받은 경우 담임 선생님에게 자녀가 백일해에 걸렸음을 알립니다.
3. 백일해 항생제 치료 중인 경우에는 치료 5일 후까지(치료를 받지 않은 경우 기침이 멈출 때까지 최소한 3주 이상 격리)는 학교 등에서의 집단 발병을 예방하기 위해 등교를 하지 않고 치료를 받도록 합니다.
4. 손 씻기를 자주하고 기침이나 재채기를 할 때에는 반드시 휴지를 사용하고, 손수건이나 옷으로 가리도록 합니다.

2025. 3. 5. 풀잎초등학교장

 한자어를 익혀 보세요.

注 물댈 주   意 뜻 의

마음에 새겨 두고 조심하는 것을 '주의'라고 말해요.

 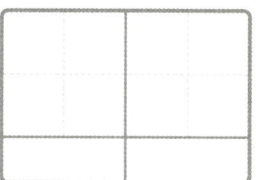 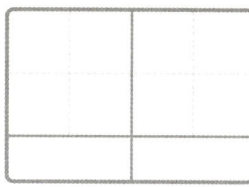

'뜻 의(意)'가 들어간 다른 낱말

▶ 의향(意向): 마음이 향하는 바, 또는 무엇을 하려는 생각
▶ 의지(意志): 어떤 일을 이루려는 마음

 왼쪽의 가정 통신문을 읽고, 아래 내용이 맞으면 O, 틀리면 X 표시를 하세요.

- 백일해는 전염력이 높은 감염병이지만 항생제로 치료할 수 있다. (   )
- 백일해를 진단받았다면 담임 선생님께 알려야 한다. (   )

 백일해 예방 행동으로 어울리지 않는 그림은 무엇인지 고르세요. (   )

 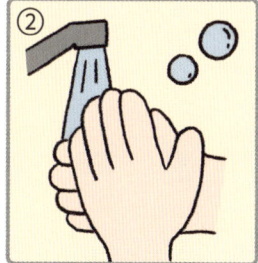 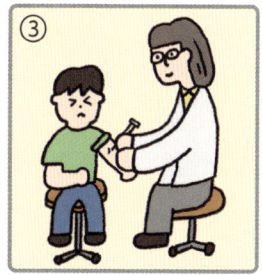 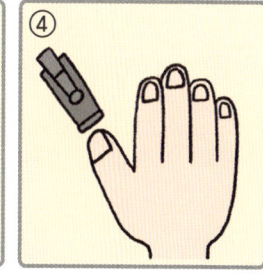

 가정 통신문을 읽고 잘못 이해하고 있는 친구는 누구인가요? (   )

① 영서: 어머나, 우리 학교에도 백일해 환자가 발생했대.
② 아진: 그러게. 우리도 옮지 않게 조심해야겠다. 1급 법정 감염병이라니 왠지 무서워.
③ 진영: 그래도 너무 걱정하지는 마. 항생제를 먹으면 치료할 수 있는 병이니까.
④ 영준: 의심되는 증상이 있다면 빨리 병원에 가는 게 중요할 것 같아.

풀잎 신문

2024년 2월 9일

전국이 건조한 날씨… 산불 위험 '주의'

산림청, 지난달 총 42건 발생
소각 등 불씨 취급 주의 당부

최근 부쩍 건조해진 날씨로 전국에서 산불이 잇따라 발생하고 있다. 따라서 겨울철 산불 예방에 각별한 주의가 요구되고 있다.

지난 설 연휴 첫날이었던 1월 25일 모두 8건의 산불이 전국에서 발생했다. 경기 화성, 강원 횡성, 충남 공주, 전북 남원, 전남 장성·화순, 대구 동구, 세종시 전동면 등에서 발생한 산불로 인해 5.67ha의 산림이 불타 버렸다.

산림청에 따르면 1월 1일부터 1월 25일까지 모두 42건의 산불이 발생했다고 발표했다. 지난해 같은 기간 13건이 발생했던 것과 비교했을 때, 무려 3배 이상 많은 수치이다. 게다가 기상청은 앞으로 당분간은 고온·건조한 날씨가 이어질 것으로 내다보고 있다.

특히 올해는 강수량이 (㉠) 온도가 (㉡)서, (㉢) 바람에 따른 큰 산불이 우려된다. 그래서 정부는 산불 예방·대비는 물론 발생 이후 피해를 최소화하는 대책을 마련하고 있다.

산림청은 2월 산불 위험도를 '높음' 단계로 예측하고 헬기와 고성능 진화 차량을 활용하고 밤에 일어나는 산불 대비를 위한 산불 신속 대응반을 운영하기로 했다. 한편 행정 안전부는 대책 회의를 열고 최근 미국 로스앤젤레스(LA)에서 일어난 대형 산불 사례를 참고해서 산불 대비·대응 방안을 논의했다.

1 한자어를 익혀 보세요.

한자어 익히기

온 나라를 '전국'이라고 말해요.

'온전할 전(全)'이 들어간 다른 낱말
- 전력(全力): 모든 힘
- 전체(全體): 어떤 대상의 모든 부분

2 왼쪽의 신문 기사를 읽고, 아래 내용이 맞으면 O, 틀리면 X 표시를 하세요.

내용 이해하기

- 1월 25일 하루에만 전국에서 8건의 화재가 발생했다. (   )
- 작년에 비해 올해 5배 넘게 많은 화재가 발생하고 있다. (   )

3 왼쪽의 신문 기사를 읽고 빈칸에 들어갈 말을 차례대로 고르세요. (   )

어휘 알기

올해는 강수량이 (㉠) 온도가 (㉡)서, (㉢) 바람에 따른 큰 산불이 우려된다.

① 적고 - 낮아 - 강한   ② 적고 - 높아 - 강한
③ 많고 - 낮아 - 강한   ④ 많고 - 높아 - 강한

4 풀잎이네 반 친구들은 신문 기사에 어울리는 표어를 찾았습니다. 가장 잘 어울리는 표어는 무엇인가요? (   )

적용하기

① 예고편 없는 화재, 조금 더 살피면 막을 수 있습니다.
② 지금 쓰는 그 댓글, 마음에 못을 박습니다.
③ 쓰는 물이 많으면, 먹는 물이 부족해집니다.
④ 신호등에서 노란불을 보면 잠시 쉬어 가세요.

카드 뉴스

어린이 보호 구역에 대해 얼마나 알고 있니?

 어린이 보호 구역은 말 그대로 어린이를 보호하기 위한 구역이야. 영어로는 School Zone(스쿨존)이라고도 하지.

어린이를 왜 보호해야 해요?

 첫째! 어린이는 어른에 비해 체구가 작아서 운전자의 눈에 잘 띄지 않아.
둘째! 어린이는 어른보다 갑작스러운 돌발 행동을 할 가능성이 많지!
그래서! 어린이는 어른보다 교통사고의 위험이 크단다.

아아, 그렇구나~!

 어린이 보호 구역에서는 운전자가 차량의 통행 속도를 시속 30km를 넘어선 안 돼.

이를 어기면요?

 높은 과태료를 내야 하지.

 또 어린이 보호 구역은 365일 24시간 모든 차량의 <u>주차</u>, 정차가 금지야.

스쿨버스가 어린이 보호 구역에 멈춰 있는 걸 본 적이 있는데요?

 아, 그렇게 꼭 필요한 차는 미리 허락을 받으면 주차, 정차가 가능하기도 해.

어린이의 안전을 위해서, 어른들이 꼭 어린이 보호 구역에서 교통 규칙을 잘 지켜야겠어요.

 하지만! 어린이 보호 구역이라고 해서 반드시 안전한 것은 아니니, 어린이도 ㉠_____

 **1** 한자어를 익혀 보세요.

 한자어 익히기

 자동차를 일정한 곳에 세워 두는 것을 '주차'라고 말해요.

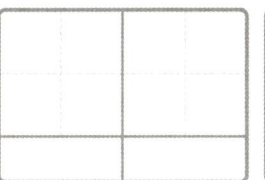

┌─ '수레 차(車)'가 들어간 다른 낱말 ─────────────
▶ 차도(車道): 자동차가 다니는 길
▶ 유아차(乳兒車): 어린아이를 태워서 밀고 다니는 수레

 **2** 왼쪽의 카드 뉴스를 읽고, 아래 내용이 맞으면 O, 틀리면 X 표시를 하세요.

내용 이해하기

- 어린이 보호 구역에서는 운전자가 시속 50km까지 달릴 수 있다. (   )
- 모든 운전자는 어린이 보호 구역에서는 각별히 안전 운전을 해야 한다. (   )

 **3** 다음 중 '어린이 보호 구역'에서 보기 힘든 교통 표지판은 무엇인지 고르세요. (   )

적용하기 ①   ②   ③   ④

 **4** 카드 뉴스의 빈칸 ㉠에 들어갈 알맞은 말을 고르세요. (   )

추론하기
① 건강해야 해.
② 행복해야 해.
③ 조심해야 해.
④ 안심해야 해.

노벨 문학상은 매년 문학 분야에서 세계적으로 뛰어난 업적을 이룬 작가에게 주는 상이에요. 2024년! 우리나라 한강 작가님께서 노벨 문학상을 수상하는 쾌거를 이루었죠!

노벨상에 대해서 먼저 알아보자!

'알프레드 노벨'이라는 사람은 스웨덴의 발명가이자 사업가였어요. 자신의 재산을 남기면서 "인류에게 큰 기여를 한 사람들에게 상을 주자."는 뜻으로 노벨상들을 만들었어요. 노벨상의 여러 분야 중에서, 특별히 '노벨 문학상'은 문학 분야에서 최고의 상으로, 전 세계에서 유명한 상 중 하나죠!

한강 작가, 그녀는 누구인가!

한강 작가는 1970년 서울에서 태어났어요. 그녀는 자신의 작품에서 우리 사회의 어두운 면이나 사람들의 복잡한 감정을 잘 표현하는 것으로 유명해요. 특히 《채식주의자》라는 책이 세계적으로 큰 인기를 끌었어요. '채식주의'가 뭐냐고요? 고기와 같은 육류를 먹지 않고 채소류만 먹는 것을 말해요. 이 책은 한 여자가 갑자기 고기를 먹지 않겠다고 결심하면서 벌어지는 이야기를 다루고 있어요.

《채식주의자》는 2016년에 영국의 유명한 출판사에서 영어로 번역되었고, 그 후 많은 나라에서 읽히게 되면서 전 세계에서 큰 주목을 받았어요. 그 결과 2024년에 노벨 문학상을 수상하게 된 거죠. 아시아 여성 중에서 최초로 말이에요.

한강 작가가 노벨 문학상을 받았다는 것은 그녀의 작품이 세계적으로 인정받은 것을 의미해요. 또 대한민국 소설의 힘을 전 세계에 알렸다는 중요한 의미를 가진답니다.

자랑스러운 대한민국의 소설가, 한강 작가님!
노벨 문학상 수상을 축하드립니다!

 **1** 한자어를 익혀 보세요.

한자어
익히기

作 (지을 작) 家 (집 가)

'작가'란 예술품의 지은이, 특히 소설가를 주로 일컫죠!

作 家
지을 작 | 집 가

━ '지을 작(作)'이 들어간 다른 낱말 ━
▶ 창작(創作): 방안이나 물건 따위를 만들어 냄
▶ 작성(作成): 서류, 원고, 계획 따위를 만들어 냄

 **2** 왼쪽의 블로그를 읽고, 아래 내용이 맞으면 O, 틀리면 X 표시를 하세요.

내용
이해하기

- 한강 작가는 아시아 여성 최초로 노벨 문학상을 수상하였다. (   )
- 노벨상은 스웨덴의 사업가 노벨이 만들었다. (   )

 **3** 풀잎이는 블로그 내용을 간략히 메모지에 요약하며 궁금한 점을 적어 보았습니다. 블로그와 내용이 <u>다른</u> 부분은 어디인지 고르세요. (   )

내용
이해하기

노벨상: ① 스웨덴 발명가 '알프레드 노벨'이 만든 상
노벨상은 노벨 문학상 말고도 ② 여러 분야가 있음 ⇒ 다른 상은 어떤 게 있을까? 궁금해!
노벨 문학상: ③ 2년에 한 번씩 문학 분야에서 세계적으로 뛰어난 작가에게 주는 상
한강 작가: 1970년 출생, ④ 대표작은 《채식주의자》 ⇒ 한강 작가님이 어린이를 위해 지은 동화책은 없을까?
아시아 여성 최초로 노벨 문학상 수상

 **4** 블로그 내용에 가장 적절한 제목을 붙인 친구는 누구인가요? (   )

적용하기

① 지안: '대한민국의 작가 한강, 노벨 문학상 수상'
② 지수: '노벨 문학상은 어떤 상인가'
③ 소연: '대한민국의 작가 한강의 대표작'
④ 나진: '노벨 문학상 역대 수상자'

책

02 단군, 고조선을 세우다
한반도에 최초의 나라가 세워지다

하늘나라 왕인 환인의 아들 환웅은 인간 세상을 다스리려고, 태백산 꼭대기의 신단수 아래에 내려왔지. 그는 바람, 비, 구름을 다스리는 자들을 거느리고 곡식, 목숨, 질병, 형벌, 선악 등 인간의 360여 가지 일을 주관하며 세상을 다스렸어. 이때 곰 한 마리와 호랑이 한 마리가 같은 굴에 살면서 환웅에게 사람이 되게 해 달라고 빌었어. 환웅은 마늘과 쑥을 주면서 말했어.

"너희는 이것을 먹고 100일 동안 햇빛을 보지 않으면 사람이 될 거야."

참을성 없는 호랑이는 굴을 뛰쳐나가 사람이 되지 못했지만, 곰은 잘 견뎌 내고 여자인 웅녀가 되었어. 웅녀는 매일 신단수 아래에서 아기를 갖게 해 달라고 빌었어. 환웅은 잠시 사람으로 변해서 웅녀와 혼인했고, 웅녀는 아들을 낳았지. 바로 단군왕검이야. 단군왕검은 평양성에 도읍을 정하고 조선이라는 나라를 세웠어. 이후에 도읍을 백악산 아사달로 옮기고 1500년 동안 나라를 다스렸어.

이 이야기는 고려 시대의 승려 일연이 지은, 《삼국유사》에 실린 우리 역사의 첫 나라인 고조선의 건국 신화야. 신화는 역사가 아니지만, 신화 속에서 역사를 엿볼 수 있어. 학자들은 이 이야기가 하늘 신의 자손이라고 주장하는 부족이 곰을 상징하는 부족과 연합해 나라를 세웠음을 알려 준다고 주장하기도 해.

출처: 《한 컷 쏙 한국사》 윤상석 글, 박정섭 그림

 한자어를 익혀 보세요.

'세상'은 사람이 살고 있는 모든 사회를 통틀어 이르는 말이에요.

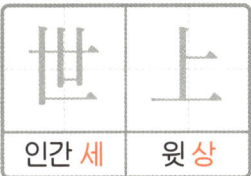

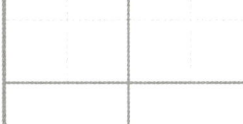

'인간 세(世)'가 들어간 다른 낱말
- ▶ 출세(出世): 높은 지위에 오르거나 유명해짐
- ▶ 세계(世界): 지구상의 모든 나라. 또는 인류 사회 전체

 왼쪽의 책을 읽고, 아래 내용이 맞으면 O, 틀리면 X 표시를 하세요.

- 한반도에 처음 세워진 나라의 이름은 '고조선'이다. (   )
- 고조선의 건국 신화는 '삼국사기'라는 책에 실려 있다. (   )

 풀잎이는 고조선의 건국 신화를 그림으로 그려 보았습니다. 고조선 건국 신화를 순서대로 나열해 보세요. (-   -   -   )

 풀잎이는 100일 동안 쑥과 마늘만 먹고 동굴 속에서 참고 견딘 곰과 어울리는 속담을 떠올려 보았습니다. 가장 잘 어울리는 속담은 무엇인지 고르세요. (   )

① 소 잃고 외양간 고친다.　　② 백지장도 맞들면 낫다.
③ 지렁이도 밟으면 꿈틀 한다.　　④ 하늘은 스스로 돕는 자를 돕는다.

동영상

 **한자어를 익혀 보세요.**

한자어 익히기

 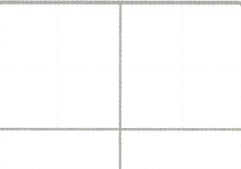  

일정하게 쓸 만한 값어치가 있는 물건을 '물품'이라고 해요.

───── '물건 품(品)'이 들어간 다른 낱말 ─────
▶ 품격(品格): 사물 따위에서 느껴지는 품위
▶ 제품(製品): 만들어진 물건

 왼쪽의 동영상을 보고, 아래 내용이 맞으면 O, 틀리면 X 표시를 하세요.

내용 이해하기
- 오이마켓은 중고 물품을 사고팔 수 있는 앱이다. (   )
- 중고 물품을 사고팔 때는 조용한 곳에서 만나는 것이 좋다. (   )

 왼쪽의 동영상을 보고 댓글을 달았습니다. 위 영상과 <u>관계 없는</u> 내용의 댓글은 무엇인가요? (   )

적용하기

① ID 반짝반짝: 집 주소를 알려 달라는 사람이 있었는데, 큰일 날 뻔했네.
② ID 꿀떡콩떡: 부모님이 바쁘시니까 나는 친구와 함께 만나야겠어.
③ ID 호로록커피한잔: 나에게 필요 없는 물건을 다른 사람이 잘 쓰면 자원을 아낄 수 있겠네.
④ ID 달콤딸기: 우리는 아직 어린이니까 특별히 더 조심할 필요가 있어.

 동영상 속 빈칸에 들어갈 말로 가장 적절한 것은 무엇인가요? (   )

추론하기
① 건강하고
② 용감하고
③ 안전하고
④ 부지런하고

가정 통신문

2025년 4학년 1학기 현장 체험 학습 안내

학부모님, 안녕하십니까? 4학년 1학기 현장 체험 학습을 실시하려고 합니다. 깊어 가는 봄에 넓은 공간에서 친구들과 함께 다양한 활동을 통하여 협동심을 기르고 자연을 느끼는 소중한 시간이 되리라 기대합니다. 현장 체험 학습 참가 여부를 조사하고자 하오니 아래 서식을 작성하여 4월 11일(금)까지 제출해 주시기 바랍니다.

① 일시 2025.5.2(금) 09:00~15:20(예정)

② 장소 모꼬지 체험랜드(경기도 ○○시)

③ 프로그램 시간표

시간	일정
08:40~09:00	학교 등교(인원 점검)
09:00~10:00	차량 탑승 및 교통 안전 지도, 모꼬지 체험랜드로 출발
10:00~11:30	모꼬지 체험랜드 도착 및 체험 활동Ⅰ
11:30~12:30	점심 식사
12:30~14:10	체험 활동Ⅱ
14:10~14:20	버스 승차 및 인원 점검, 화장실 이용
14:20~15:20	학교로 출발 및 도착

④ 소요 경비 (현재 재적에 따라 계산된 비용임. 참가 인원에 따라 변동될 수 있음)

항목	체험 학습비	점심 식사	교통비	보험료	합계
비용	25,000원	7,500원	22,700원	480원	55,680원

⑤ 준비물 마실 물, 간식, 물티슈, 비닐봉지, 개인 돗자리, 간편 복장, 운동화

⑥ 기타 사항

가. 차 멀미하는 학생은 출발 1시간 전에 미리 멀미약을 복용합니다.
나. 8시 40분까지 교실로 옵니다.
다. 휴대폰 및 귀중품을 가져올 경우 분실 우려가 있으니 참고하시기 바랍니다.
라. 학교 도착 시간은 15시 20분입니다. (교통 사정에 따라 변동될 수 있음)

2025. 4. 4. 풀잎초등학교장

 **1** 한자어 익히기

한자어를 익혀 보세요.

協	同	心
맞을 협	같을 동	마음 심

'협동심'이란 서로 마음과 힘을 하나로 합하려는 마음을 말해요.

協	同	心			
맞을 협	같을 동	마음 심			

'맞을 협(協)'이 들어간 다른 낱말

▶ 협찬(協贊): 어떤 일 따위에 재정적으로 도움을 줌
▶ 협조(協助): 힘을 보태어 도움

 **2** 내용 이해하기

왼쪽의 가정 통신문을 읽고, 아래 내용이 맞으면 O, 틀리면 X 표시를 하세요.

- 현장 체험 학습은 무료로 참가할 수 있다. (   )
- 학교 도착 시간은 앞당겨질 수도, 늦춰질 수도 있다. (   )

 **3** 내용 이해하기

시계가 가리키는 시간을 읽고, 그 시간에 아이들이 무엇을 하고 있을지 바르게 나타낸 것을 고르세요. (   )

 ① 09:50

 ② 10:50

 ③ 11:50

 ④ 11:50

 **4** 적용하기

왼쪽 가정 통신문을 읽고 해결할 수 있는 궁금증을 가진 친구는 누구인가요? (   )

① 영서: 다른 학년은 어디로 현장 체험 학습을 가는지 궁금해!
② 한진: 현장 체험 학습을 가서 어떤 체험 학습을 하게 될지 너무 궁금해!
③ 진서: 그날 비가 오면 어떡하지? 비가 오면 체험 학습이 취소되는 건지 궁금해!
④ 지환: 뭘 준비해야 하지? 준비물도 궁금해!

신문 기사

풀잎 신문

2025년 7월 9일

첨단 기술로 농사를 짓는다! 스마트 팜이 바꾸는 미래 농업

요즘 농업에도 첨단 기술이 빠르게 도입되고 있다. 그 첨단 기술이 바로 '스마트 팜'이다.

스마트 팜은 농장에 컴퓨터, 센서, 인공 지능(AI), 로봇 등을 활용해 작물을 더욱 효율적으로 키우는 시스템을 말한다. 스마트 팜에서는 온도, 습도, 햇빛, 물 공급 등을 자동으로 조절할 수 있다. 농부가 직접 물을 주지 않아도 센서가 토양 상태를 감지해 물을 적절히 공급해 주는 것이다. 또한 스마트폰을 통해 원격으로 농장을 관리할 수도 있어 편리한 것이 최고 장점으로 꼽힌다.

뿐만 아니라 하늘을 나는 드론이 작물 상태를 점검하고, 인공 지능이 병해충을 미리 감지해 빠르게 대응할 수도 있다. 이 덕분에 노동력과 비용은 줄이고, 생산량은 늘릴 수 있다. 스마트 팜을 도입한 김유정 씨(37세)는 "예전보다 힘은 (㉠) 들이고도, 더 (㉡) 품질의 작물을 키울 수 있어 만족스럽다"고 말했다.

전문가들은 앞으로 스마트 팜이 더욱 발전해 <mark>미래</mark> 농업의 중요한 부분이 될 것이라고 전망하고 있다.

 **1** 한자어를 익혀 보세요.

한자어 익히기

未 아닐 미   來 올 래(내)

아직 오지 않은, 앞으로 다가올 시간을 '미래'라고 해요. 과거에서 현재로, 현재에서 미래로 시간은 흐르죠!

未 來 아닐 미 올 래(내)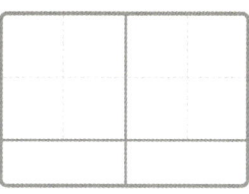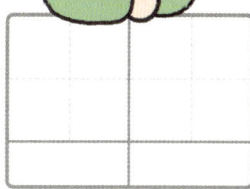

'올 래(來)'가 들어간 다른 낱말

▶ 내일(來日): 오늘의 바로 다음 날
▶ 내년(來年): 올해의 바로 다음 해

 **2** 왼쪽의 신문 기사를 읽고, 아래 내용이 맞으면 O, 틀리면 X 표시를 하세요.

 내용 이해하기

- 스마트 팜에서는 농부가 직접 모든 작물을 살펴야 한다. (   )
- 스마트 팜에서는 온도와 습도가 자동으로 조절 가능하다. (   )

 **3** 왼쪽의 신문 기사 중 빈칸에 들어갈 말을 차례로 적은 것은 무엇인지 고르세요. (   )

어휘 알기

예전보다 힘은 (㉠) 들이고도, 더 (㉡) 품질의 작물을 키울 수 있어 만족스럽다

① 적게 - 뛰어난   ② 적게 - 부족한
③ 많이 - 뛰어난   ④ 많이 - 부족한

 **4** 풀잎이네 반 친구들은 이 기사를 읽고 스마트 팜 광고 문구를 만들어 보기로 했습니다. 스마트 팜의 장점을 알리는 데 적절하지 <u>않은</u> 문구를 고르세요. (   )

적용하기

① 스마트 팜과 함께라면 쉽고 효율적으로 농사지을 수 있어요!
② 똑똑한 농장, 스마트 팜이 미래다!
③ 더 쉽게! 더 편리하게! 그 비결은 바로 스.마.트.팜!
④ 편리한 건 인정! 그러나 가격은 비싼 스마트 팜!

카드 뉴스

학교 폭력, 아직도 참고만 있나요?

혼자 고민하지 말고 신고하세요!
여러분의 용기가 **필요**해요!

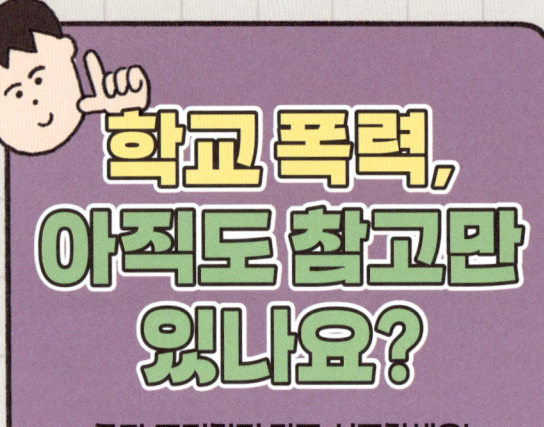

학교 폭력 신고 전화번호는?

- 117입니다.
- 24시간 운영해요!
- 학교 폭력뿐만 아니라, 사이버 폭력, 아동 학대 상담도 가능해요.

117 학교폭력 신고센터

바로 경찰의 도움이 필요한 학교 폭력이라면?

- 112 경찰 신고가 필요해요!
- 여러분에게 즉시 도움을 줄 수 있어요!

학교도 여러분을 도울 수 있어요.

- 담임 선생님께 이야기해요.
- 상담 선생님이 있으면 상담 선생님의 도움도 받을 수 있어요.
- wee클래스도 있답니다.

신고가 어렵다고요?

- 걱정 마세요! 비밀 보장!
- 학교 폭력은 결코 사소한 문제가 아닙니다. 망설이지 마세요!
- 익명 신고도 가능해요.

여러분, 혼자 끙끙 앓지 마시고 117의 도움을 받아 보세요. 여러분의 빛나는 내일을 응원합니다!

 **1** 한자어를 익혀 보세요.

한자어 익히기

必 반드시 필   要 구할 요

'필요'는 반드시 요구되는 바가 있다는 뜻이에요. 여러분은 누군가에게 필요한 존재랍니다.

必 要			
반드시 필 / 구할 요			

┌ '반드시 필(必)'이 들어간 다른 낱말 ┐
▶ 필수(必須): 반드시 있어야 하거나 하여야 함
▶ 필독(必讀): 반드시 읽어야 함

 **2** 왼쪽의 카드 뉴스를 읽고, 아래 내용이 맞으면 O, 틀리면 X 표시를 하세요.

내용 이해하기

- 학교 폭력 신고 전화번호는 117이다. (   )
- 긴급한 경우 112에 신고해도 된다. (   )

 **3** 다음 대화에서 밑줄 친 부분은 무엇을 의미하는 것일까요? (   )

어휘 알기

민호: (핸드폰을 보며) 우아! 이 카드 뉴스 봤어? 학교 폭력 신고 전화번호가 117래!
풀잎: 진짜? 112만 알고 있었는데. 117은 학교 폭력 전용 신고 센터구나!
민호: 응! 24시간 상담 가능하대. 몰래 신고할 수도 있고!
풀잎: 오, <u>이 카드 뉴스는 어린이들에게 좋은 정보를 알려 주고 있어.</u>

① 카드 뉴스의 효과 ② 카드 뉴스의 디자인
③ 카드 뉴스의 인기 비결 ④ 카드 뉴스의 제작 방법

 **4** 왼쪽 카드 뉴스의 내용을 담아 포스터를 만들려고 합니다. 반드시 들어가야 할 정보를 모두 고르세요. (   )

적용하기

㉠	㉡	㉢	㉣
학교 폭력 신고 전화번호	117 운영 시간	화재 발생 시 전화번호	117 익명 신고 가능 여부

남대문 시장 탐방기!

안녕하세요! 저는 풀잎초등학교 4학년 풀잎입니다! 오늘 저는 기분이 엄청 좋았어요. 왜냐하면, 가족과 함께 남대문 시장에 다녀왔거든요! 남대문 시장이 우리나라에서 가장 크고 오래된 시장이잖아요. 그래서 그런지 사람들이 정말 많았고, 볼 것도 먹을 것도 가득했어요!

다양한 물건들이 한가득!

시장에는 옷, 신발, 가방, 장난감까지! 정말 없는 것 빼고 다 있었어요! 엄마는 예쁜 앞치마를 하나 사셨고요. 아빠는 벨트를 ☐ 하셨어요. 저는 스티커 득템!

먹거리 천국! 츄르릅!

시장 구경을 하다 보니 배가 고파지더라고요. 그래서 분식 코너에 갔어요. 여기서 오늘 저희 가족이 냠냠 쩝쩝 맛있게 먹은 음식들! 대공개합니다!

호떡, 겉은 바삭 속은 달콤! 뜨거운 꿀이 좌르륵 흐르니까 조심히 먹어야 해요.
칼국수, 국물이 진하고 면이 쫄깃! 이건 엄마가 제일 좋아했어요.
만두, 고기랑 김치 만두를 반반씩! 속이 꽉 차 있어서 맛있었어요. 저는 고기 만두파!

다음에 또 가고 싶어요!

남대문 시장은 볼거리, 먹거리, 살 거리가 가득한 신나는 곳이었어요! 외국인도 정말 많더라고요! 다음엔 친구랑 같이 와 보고 싶어요. 여러분도 남대문 시장에 꼭 한번 가 보세요!

 **1** 한자어를 익혀 보세요.

한자어 익히기

市	場
저자 시	마당 장

여러 가지 상품을 사고파는 장소를 '시장'이라고 하죠. 여러분이 사는 동네에는 어떤 시장이 있나요?

市	場						
저자 시	마당 장						

'마당 장(場)'이 들어간 다른 낱말

▶ 입장(入場): 장내(場內)로 들어가는 것
▶ 주차장(駐車場): 차를 세워 두도록 마련한 곳

 **2** 왼쪽의 블로그를 읽고, 아래 내용이 맞으면 O, 틀리면 X 표시를 하세요.

내용 이해하기

- 남대문 시장은 우리나라에서 가장 크고 오래된 시장이다. (   )
- 남대문 시장에 외국인 관광객은 거의 없는 편이다. (   )

 **3** 다음은 왼쪽의 블로그 내용 중 한 문장입니다. 빈칸에 들어갈 말로 적절하지 <u>않은</u> 것을 고르세요. (   )

어휘 알기

아빠는 벨트를 (   )하셨어요.

① 제작   ② 장만   ③ 구매   ④ 구입

 **4** 왼쪽 블로그를 읽고 단 댓글 중 적절하지 <u>않은</u> 댓글을 고르세요. (   )

적용하기

댓글 1: 와, 정말 재밌어 보인다. 나도 가고 싶다. 다음에 나랑 같이 가자!
댓글 2: 스티커 샀구나?! 내일 학교에 가지고 와서 보여 줘. 알았지?
댓글 3: 오, 나도 이번 주 토요일에 엄마랑 남대문 시장 가기로 했는데!!!
댓글 4: 남대문 시장은 먹거리가 없어서 아쉽네 ㅠㅠ

① 댓글 1   ② 댓글 2   ③ 댓글 3   ④ 댓글 4

04 고구려의 건국

알에서 태어난 주몽이 세운 나라

　고조선이 멸망하기 전에 그 주변에는 하나둘 새로운 나라들이 세워졌어. 북만주 송화강 유역 넓은 평야 지역에는 부여라는 나라가 있었는데, 고조선 다음의 큰 나라로 발전했지. 고조선이 멸망한 후 기원전 1세기경, 부여에는 주몽이란 사람이 있었어.

　고려 시대의 역사책 《삼국사기》에는 주몽에 관한 신비로운 이야기가 실려 있어. 그의 어머니는 강의 신 하백의 딸인 유화였대. 어느 날 유화가 강가에서 놀다가 하늘 신의 아들인 해모수와 만나 사랑에 빠졌는데, 해모수가 유화를 버리고 도망가 버리자 화가 난 하백은 유화를 쫓아냈지. 유화는 부여의 금와왕을 만나 궁궐에서 살게 되었어. 그러던 어느 날 햇빛이 유화를 비춰 임신을 했는데, 알을 낳은 거야. 금와왕은 놀라서 알을 버렸지만, 동물들이 소중히 여기는 것을 보고 알을 유화에게 돌려주었어. ==그 알에서 태어난 아이가 바로 주몽이야.==

　주몽은 ==외모==가 빼어나고 용맹했어. 부여 말로 '활을 잘 쏜다'는 의미로 주몽이라고 불렸지. 주몽은 금와왕의 일곱 왕자와 함께 자랐는데, 그 왕자들이 주몽을 질투하여 죽이려 했어. 그래서 주몽은 친구 셋과 함께 부여를 떠났지. ==주몽 일행은 지금의 중국 환인 지역인 졸본 땅에 도착해 도읍을 정하고 나라를 세웠는데, 이 나라가 바로 고구려야.==

출처: 《한 컷 쏙 한국사》 윤상석 글, 박정섭 그림

 한자어를 익혀 보세요.

한자어 익히기

 바깥 외
 얼굴 모

'외모'란 겉모습이나 얼굴 생김새처럼 바깥으로 보이는 모습이에요.

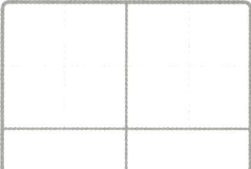
바깥 외 | 얼굴 모

'바깥 외(外)'가 들어간 다른 낱말

▶ **외**출(外出): 집이나 근무지에서 밖으로 나감
▶ **외**국(外國): 다른 나라

 왼쪽의 책을 읽고, 아래 내용이 맞으면 O, 틀리면 X 표시를 하세요.

내용 이해하기

- 주몽은 유화가 낳은 알에서 태어났다. (   )
- 주몽이 고조선을 떠나 세운 나라가 바로 고구려이다. (   )

 풀잎이는 주몽의 모습을 상상하며 그것을 그림으로 그려 보았습니다. 풀잎이가 상상한 주몽의 모습으로 가장 적절한 그림은 무엇인가요? (   )

내용 이해하기

4 풀잎이는 활을 잘 쏘는 주몽의 모습을 보고 사자성어를 떠올려 보았습니다. 가장 잘 어울리는 사자성어는 무엇인지 고르세요. (   )

적용하기

① 백발백중(百發百中)　　　② 팔방미인(八方美人)
③ 역지사지(易地思之)　　　④ 설상가상(雪上加霜)

동영상

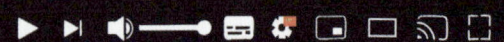

여러분, 지하철이나 버스에서 이런 좌석 본 적 있죠?

이 자리는 교통 약자를 위한 특별한 좌석이에요! 하지만 일반인이 앉아서 논란이 되기도 하죠.

교통 약자석은 노약자, 임산부, 장애인, 영유아 동반자 등 이동이 불편한 분들을 위한 좌석이에요. 지하철, 버스뿐만 아니라 KTX 같은 기차에도 마련되어 있죠!

여기서 중요한 질문! '비어 있으면 일반인이 앉아도 될까요?' 원칙적으로는 교통 약자가 없을 때는 앉을 수 있어요. 하지만 언제든지 비워 줄 준비가 되어 있어야 해요! 특히, 몸이 불편한 분이 오시면 먼저 양보하는 게 예의겠죠?

교통 약자석은 배려의 자리예요! 여러분도 지하철이나 버스를 탈 때 한 번 더 주변을 살펴보고, 도움이 필요한 분들에게 자리를 양보해 주세요.

 한자어를 익혀 보세요.

한자어 익히기

坐 앉을 좌   席 자리 석

앉는 자리를 '좌석'이라고 해요.

坐 席
앉을 좌 | 자리 석

'앉을 좌(坐)'가 들어간 다른 낱말
▶ 좌불안석(坐不安席): 앉아도 자리가 편안하지 않다는 뜻
▶ 좌변기(坐便器): 걸터앉아서 대소변을 보게 된 수세식 서양 변기

 왼쪽의 동영상을 보고, 아래 내용이 맞으면 O, 틀리면 X 표시를 하세요.

내용 이해하기
- 교통 약자석은 지하철과 버스에만 있고 기차에는 없다. (   )
- 교통 약자가 없을 때에도 일반인은 절대 앉을 수 없다. (   )

 영상을 보고 댓글을 달았습니다. 영상과 관계 없는 내용의 댓글은 무엇인가요?

적용하기
① ID 반짝반짝: 교통 약자가 바로 앞에 서 있는데도 양보 안 하는 사람도 있는데, 그 사람들이 이 영상을 꼭 봤으면 좋겠네요.
② ID 꿀떡콩떡: 저희 할머님도 교통 약자석에 자주 앉으시는데, 다리가 불편하신 저희 할머니 생각이 많이 나는 영상이었어요.
③ ID 호로록커피한잔: 약자를 배려하는 문화가 더 널리 퍼졌으면 좋겠어요. 좋은 내용의 영상 감사합니다.
④ ID 달콤딸기: 그런데 지하철, 버스, 기차에 햄버거 들고 타도 되나요?

 영상을 본 사람들이 배울 수 있는 마음이 <u>아닌</u> 것은 무엇일까요? (   )

어휘 알기   ① 양보심   ② 배려심   ③ 이해심   ④ 무관심

가정 통신문

2025년 1차 학교 폭력 실태 조사 참여 안내

안녕하십니까? 학교 폭력 걱정이 없는 행복하고 안전한 학교를 만들기 위한 방안을 마련하고자, 2025년도 **1차 학교 폭력 실태 조사**를 다음과 같이 실시합니다.

① 일시) 4. 14.(월) 09:00~5. 13.(화) 18:00(기간 중 24시간 참여 가능)

② 대상) 4~6학년 학생

③ 주요 내용) 작년 2학기 시작부터 현재까지의 학교 폭력 목격, 피해, 가해 경험

④ 조사 참여)

학교 폭력 실태 조사 홈페이지(http://survey.eduro.go.kr), QR코드로도 접속 가능
○ 컴퓨터 및 모바일 기기(스마트폰, 태블릿)로 참여할 수 있으며, 인터넷 브라우저에서 홈페이지 주소를 입력하여 실태 조사에 참여할 수 있음
○ 실태 조사 관련 문의 및 상담: 02-399-9098 (09:00~18:00, 주말 및 공휴일 미운영)

내 아이를 학교 폭력으로부터 안전하게 보호하고 학교의 건전한 면학 분위기 조성을 위해 자녀가 조사에 참여할 수 있도록 적극적으로 독려해 주시고, 솔직한 응답 및 비밀 보장을 위해 가정에서 개별적으로 참여할 수 있도록 지도 부탁드립니다.

학교 폭력 실태 조사 참여 사이트	http://survey.eduro.go.kr
학생 개인별 참여 번호	담임 선생님이 개별로 알려 주실 예정

⑤ 세부 순서)

1. 사이트 접속 후 시도 교육청 선택	2. 참여하기 클릭
3. 학년 반 번호, 개인별 참여 번호 입력	4. 학교 폭력 예방 동영상 시청
5. 설문 응답 시작	6. 설문 결과 확인
7. 설문 결과 제출	8. 학교 폭력 신고 안내 동영상 시청

※반드시 안내 및 영상을 보고 '끝내기' 버튼을 눌러 끝내야 참여가 완료됩니다.

2025. 4. 7. 풀잎초등학교장

 **1** 한자어 익히기 — 한자어를 익혀 보세요.

 可 옳을 **가**  能 능할 **능**

'가능'은 '할 수 있음, 될 수 있음, 가망이 있음'이라는 뜻이에요. 반대말은 '불가능'이겠죠?

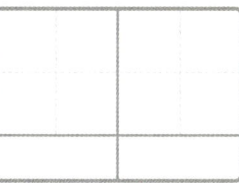 可 옳을 **가** | 能 능할 **능**

'능할 능(能)'이 들어간 다른 낱말
▶ 능력(能力): 어떤 일을 감당해 내는 힘
▶ 재능(才能): 재주와 능력

 **2** 내용 이해하기 — 왼쪽의 가정 통신문을 읽고, 아래 내용이 맞으면 O, 틀리면 X 표시를 하세요.

- 학교 폭력 실태 조사는 스마트폰으로도 참여할 수 있다. (   )
- 학교 폭력 실태 조사는 개인별 참여 번호를 반드시 입력해야 한다. (   )

 **3** 적용하기 — 왼쪽 가정 통신문을 읽고 친구들이 학교 폭력 실태 조사에 관해 이야기하고 있어요. 가정 통신문에 실려 있지 <u>않은</u> 정보를 이야기하는 친구는 누구인가요? (   )

① 영서: 학교 폭력 실태 조사를 왜 해야 하는지에 대해서 알려 주고 있어.
② 한진: 학교 폭력 실태 조사를 할 수 있는 기간이 언제인지도 써 있어.
③ 진서: 학교 폭력 실태 조사에 참여할 수 있는 사이트도 안내가 되어 있어.
④ 지환: 내 개인 참여 번호가 몇 번인지도 알 수 있네!

 **4** 추론하기 — 다음 대화를 읽고, 빈칸에 들어갈 적절한 말을 고르세요. (   )

선생님: 풀빛아, 네가 아직 학교 폭력 실태 조사를 하지 않았다고 하네?
풀빛: 네? 그럴 리가요! 번호 입력도 하고, 설문 조사도 하고 동영상도 다 봤는데요?
선생님: 이상하다. 그런데 왜 네가 참여하지 않은 것으로 나오지?
풀빛: 선생님! 저 그 이유를 알겠어요! 제가 [   ]

① 끝내기 버튼을 누르지 않았어요!   ② 학년 반을 입력하지 않았어요!
③ 태블릿으로 참여했어요!   ④ 영상을 집중해서 보지 않았어요!

신문 기사

풀잎 신문

2025년 4월 7일

미세 먼지 '매우 나쁨'… 전국 곳곳 뿌연 하늘, 건강 비상

오늘 전국 대부분 지역에서 미세 먼지가 기승을 부리며 시민들의 불편이 가중되고 있다. 환경부와 기상청에 따르면, 수도권을 비롯한 충청·호남 지역의 미세 먼지 농도가 '매우 나쁨' 수준까지 치솟았으며, 일부 지역에서는 초미세 먼지(PM2.5) 농도가 100㎍/㎥를 넘기도 했다.

출근길 시민들 "숨쉬기 답답"

서울 도심은 오전부터 뿌연 먼지로 뒤덮였고, 마스크를 착용한 시민들의 모습이 눈에 띄었다. 출근길 직장인 박모(35) 씨는 "목이 따끔거리고 숨쉬기가 답답하다."라며 "이런 날씨가 계속되면 야외 활동이 어려울 것 같다."라고 우려를 나타냈다.

원인은?

전문가들은 이번 고농도 미세 먼지의 원인으로 국외에서 유입된 오염 물질과 국내 대기 정체를 꼽았다. 국립 환경 과학원 관계자는 "중국발 스모그와 국내 난방·산업 활동에서 배출된 오염 물질이 대기 정체로 빠져나가지 못해 미세 먼지 농도가 높아졌다."고 설명했다.

정부, 비상 저감 조치 시행

환경부는 미세 먼지 저감을 위해 수도권과 충청권을 중심으로 비상 저감 조치를 발령했다. 이에 따라 공공 기관 차량 2부제가 실시되고, 사업장 및 공사장의 가동·작업 시간도 조정된다.

전문가 "외출 자제, 실내 환기 최소화" 당부

보건 당국은 호흡기 및 심혈관 질환이 있는 고위험군의 건강 관리에 각별한 주의를 당부했다. 서울대 보건 대학원 김 교수는 "미세 먼지 농도가 높은 날에는 실외 활동을 줄이고, 외출 시에는 보건용 마스크(KF94 이상)를 착용해야 한다."고 조언했다.

시민들은 당분간 대기질 예보를 확인하며 ☐☐☐☐☐☐☐☐☐ 보인다.

 **1** 한자어를 익혀 보세요.

 한자어 익히기

도울 조   말씀 언

말로 거들어 깨우치도록 돕는 말을 '조언'이라고 해요. 여러분은 궁금증이 생길 때 누구에게 조언을 구하나요?

 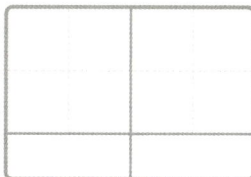 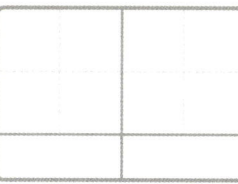 

'말씀 언(言)'이 들어간 다른 낱말
▶ 선언(宣言): 널리 펴서 말함
▶ 언쟁(言爭): 말로 서로 다투는 것

 **2** 왼쪽의 신문 기사를 읽고, 아래 내용이 맞으면 O, 틀리면 X 표시를 하세요.

내용 이해하기

- 미세 먼지가 심한 날에는 창문을 자주 열어 환기하는 것이 좋다. (   )
- 중국발 스모그는 미세 먼지와 전혀 상관이 없다. (   )

 **3** 왼쪽의 신문 기사 중 빈칸에 들어갈 가장 적절한 것은 어느 것인가요? (   )

추론하기

시민들은 당분간 대기질 예보를 확인하며 (   ) 보인다.

① 편식하는 습관을 줄여야 할 것으로   ② 야외 나들이를 즐겨야 할 것으로
③ 건강 관리에 주의해야 할 것으로   ④ 컴퓨터 게임을 줄여야 할 것으로

 **4** 풀잎이네 반 친구들은 기사를 읽고 미세 먼지를 줄이기 위한 표어 문구를 만들어 보기로 했습니다. 미세 먼지를 줄이는 데 가장 효과적인 문구를 고르세요. (   )

적용하기

① 하늘은 푸르게, 숨은 가볍게!
② 물을 아끼는 작은 습관, 지구를 살리는 큰 힘!
③ 손 씻기는 최고의 예방 주사!
④ 충치 NO! 건강한 미소 YES!

카드 뉴스

캠핑장 이용 가이드

안전하고 즐거운 캠핑을 위해 꼭 읽어 주세요!

캠핑 전 준비

- 제대로 예약했는지 날짜와 시간 확인!
- 날씨 확인!
- 필수 장비 준비!(텐트, 침낭, 화로대 등)

캠핑장 내 기본 규칙

- 정해진 곳에서만 텐트를 설치해요.
- 밤 10시 이후에는 정숙! (소음에 유의해 주세요!)
- 쓰레기는 분리 배출!
- 반려동물 목줄 필수!

캠핑장에서 불 피울 때

- 화로대를 사용해야 해요. (직접 바닥에서 불을 피우지 마세요!)
- 바람이 강할 때는 불 사용 **금지**
- 취침 전, 불씨가 꺼졌는지 확인!

자연 보호는 기본

- 나무, 꽃, 돌 등 자연을 훼손하지 않아요.
- 캠핑장을 떠날 때는 처음처럼 깨끗하게 정리해요.
- 곤충, 새 등 동물을 보호해요.

캠핑장을 나오기 전

- 텐트와 같은 장비를 두고 가지 않도록 잘 챙겨요.
- 캠핑장 직원에게 퇴실 확인을 받으세요.

안전하고 즐거운 캠핑되세요~!

 **1** 한자어를 익혀 보세요.

 한자어 익히기

금할 금 | 그칠 지

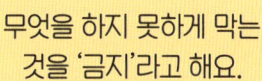
무엇을 하지 못하게 막는 것을 '금지'라고 해요.

 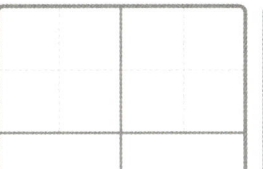
금할 금 | 그칠 지

'그칠 지(止)'가 들어간 다른 낱말
▶ 정지(停止): 움직이고 있던 것이 멈춤
▶ 지혈(止血): 나오던 피가 더 이상 나오지 않고 멈춤

 **2** 왼쪽의 카드 뉴스를 읽고, 아래 내용이 맞으면 O, 틀리면 X 표시를 하세요.

내용 이해하기

- 캠핑장에서는 자유롭게 텐트를 설치해도 된다. (   )
- 불을 피울 땐 꼭 화로대를 사용해야 한다. (   )

 **3** 카드 뉴스의 내용을 바르게 이해한 가족이 캠핑을 하는 모습을 모두 고르세요. (   )

적용하기

 **4** 다음 이야기를 읽고 괄호 안에 들어갈 말로 적절하지 않은 말을 고르세요. (   )

어휘 알기

풀잎: 캠핑 너무 재밌다! 더 놀고 싶은데 왜 밤 10시 이후에는 조용해야 해요?
아빠: 다른 사람들을 (   ) 때문이야. 밤에는 다들 자거나 쉬어야 하니까. 그리고 밤에는 조용해야 숲속에 사는 야생 동물들이 놀라지 않지!

① 배려해야 하기   ② 존중해야 하기   ③ 방해하면 안 되기   ④ 이겨야 하기

경복궁 탐방기! 왕이 된 기분 만끽!

안녕하세요! 지훈이입니다! 가족과 함께 경복궁에 다녀왔어요! 교과서에서 봤던 곳인데, 직접 가 보니까 진짜 멋지고 웅장했어요! 오늘은 경복궁에 다녀온 후기를 적어 볼게요.

경복궁 입장!

경복궁 앞에 서자마자 "우아, 진짜 크다!" 하고 놀랐어요. 정문인 광화문이 엄청 높고 멋있었어요. 안으로 들어가니까 넓은 마당이 나왔고, 그 앞에는 근정전이 있었어요. 여기서 왕이 신하들과 회의를 했대요. 근정전 앞에서 사진을 찍으면서 "여기가 왕이 앉던 자리인가?" 상상해 봤어요. 왕이 되면 무엇을 하고 싶냐고 엄마가 물어보셨는데, 저는 "게임 왕국 만들기!"라고 했어요.

수문장 교대식 구경!

수문장 교대식도 봤어요! 커다란 창과 칼을 든 수문장들이 전통 옷을 입고 행진했어요. 북소리와 함께 움직이는 모습이 신기했어요. 옛날로 시간 여행 간 것 같았어요.

경회루 & 향원정!

연못이 있는 경회루와 향원정도 갔어요. 물 위에 떠 있는 정자가 너무 예뻤어요. 여기서 왕과 신하들이 연회를 열었다고 해요! 사진 찍기 좋은 곳이라 가족사진도 많이 찍었어요.

경복궁 방문 소감

왕들이 살던 곳이라서 신기하고 재미있었어요. 한복을 입고 다니는 사람도 많았는데, 다음에는 한복 체험도 해 보고 싶어요! 친구들에게도 가 보라고 ☐ 겠어요.

#경복궁 #서울여행 #초등학생탐방기

1 한자어를 익혀 보세요.

한자어 익히기

入 들어갈 입
場 마당 장

어떤 장소로 들어가는 것을 '입장'이라고 해요. 입장의 반대말은 무엇일까요? 맞아요. 퇴장!

入 들어갈 입
場 마당 장

'들어갈 입(入)'이 들어간 다른 낱말
▶ 입구(入口): 들어가는 곳
▶ 입수(入手): 손에 들어옴

2 왼쪽의 블로그를 읽고, 아래 내용이 맞으면 O, 틀리면 X 표시를 하세요.

내용 이해하기

- 경복궁의 정문은 광화문이다. (   )
- 경복궁 안에는 연못 위에 떠 있는 정자가 있다. (   )

3 이 내용에 해시태그를 더 넣으려고 합니다. 가장 적절한 해시태그를 고르세요. (   )

내용 이해하기

#경복궁 #서울여행 #초등학생탐방기 #(   )

① #운좋게수문장교대식구경
② #경복궁먹거리
③ #경복궁한복체험대성공
④ #다음엔가족사진도찍자

4 블로그 내용 속 문장의 빈칸에 어울리지 <u>않는</u> 말을 고르세요. (   )

어휘 알기

친구들에게도 가 보라고 (   )겠어요.

① 추천해야   ② 권유해야   ③ 알려 줘야   ④ 명령해야

01 인류의 탄생과 이동
인류가 처음 탄생한 아프리카

지구에 인류가 나타난 것은 언제쯤일까? 인류는 인간과 가장 가까운 유인원인 고릴라, 침팬지와 같은 조상에서 갈라져 나왔다고 해. 약 700만~500만 년 전에 유인원에서 갈라져 나와 따로 진화한 거야. 그리고 약 400만 전 아프리카에서 인류의 조상이 처음 출현했지. 그들은 오스트랄로피테쿠스라고 불리는데, 인간보다는 유인원에 더 가까웠어. 하지만 두 발로 서서 걸으면서 두 손이 자유로웠고, 덕분에 손으로 돌이나 나무 등의 간단한 도구를 사용했지. 그러면서 뇌가 점점 발달했어.

약 170만 년 전부터는 좀 더 인간과 닮은 호모 에렉투스가 나타났어. 그들은 오스트랄로피테쿠스보다 뇌가 훨씬 컸고, 불을 사용하기 시작했으며, 아프리카에 머물지 않고 아시아와 유럽 대륙으로 퍼져 나갔지. 약 20만 년 전에는 현재 인류와 더 비슷하게 생긴 인류가 나타났는데, 이들을 슬기로운 사람이란 뜻의 호모 사피엔스라고 불러. 그리고 약 4만 년 전에는 인류의 진짜 조상인 호모 사피엔스 사피엔스가 등장했어.

인류의 조상은 약 300만 년 전부터 돌을 쳐서 떼어 내 만든 뗀석기를 사용했는데, 이 시기를 구석기 시대라고 불러. 이 시대의 인류는 동물을 사냥하거나 열매를 따 먹으며 생활했어. 이들은 먹을 것을 찾아 계속 이동하면서 아시아와 유럽을 넘어 오스트레일리아, 아메리카 대륙까지 퍼져 나간 거야.

출처: 《한 컷 쏙 세계사》 윤상석 글, 박정섭 그림

 **한자어를 익혀 보세요.**

사람 인 | 무리 류

세계의 모든 사람을 '인류'라고 해요.

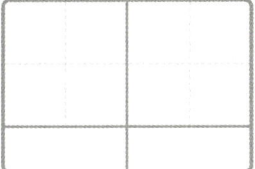
사람 인 | 무리 류

'사람 인(人)'이 들어간 다른 낱말
▶ 인물(人物): 생김새나 됨됨이로 본 사람
▶ 노인(老人): 나이가 들어 늙은 사람

 왼쪽의 책을 읽고, 아래 내용이 맞으면 O, 틀리면 X 표시를 하세요.

- 오스트랄로피테쿠스는 두 발로 설 수 있었다. (　　)
- 약 4만 년 전에 나타난 인류의 조상을 '호모 사피엔스'라고 한다. (　　)

 풀잎이는 구석기 시대에 살았던 인류의 모습을 상상하며 그림으로 그려 보았어요. 구석기 시대 인류의 모습으로 어울리지 <u>않는</u> 그림은 무엇인가요? (　　)

풀잎이는 구석기 시대 사람들이 살았던 삶의 모습을 좀 더 알아보고 싶었어요. 직접 방문해 좋은 정보를 얻을 수 있는 곳은 어디일까요? (　　)

① 서울 지방 경찰청　　② 서울 중앙 우체국
③ 국립 중앙 박물관　　④ 인천 국제공항

> 동영상

전통 결혼식 브이로그
한국 전통 혼례 체험!

안녕하세요, 여러분! 제가 아주 특별한 결혼식에 왔어요! 바로 한국의 전통 혼례예요! 요즘은 서양식 결혼식이 많지만, 전통 혼례는 정말 색다르고 멋진 분위기를 자랑한답니다.

짜잔! 여기가 바로 결혼식이 열리는 한옥 마당이에요! 너무 기대돼요!

와! 신랑이 말을 타고 입장하고 있어요! 대례라고 하는데 신랑이 말을 타고 신부 집으로 가서 신부를 맞이하는 절차래요. 신부는 가마를 타고 오네요!

지금 보시는 건 초례라는 의식이에요. 신랑과 신부가 서로 절을 하는데, 이걸 교배례라고 해요. 신랑이 먼저 두 번 절하고, 신부가 네 번 절해요.

그리고 곧 청혼례를 한대요! 신랑과 신부가 표주박에 술을 따라 나누어 마시고 앞으로 함께 살아갈 것을 약속하는 의미가 있다고 해요!

벌써 결혼식이 끝났어요. 이제 다 같이 전통 놀이를 즐기는 시간이에요! 신랑이 큰 항아리에 화살을 던지는 투호 놀이를 하고 있어요!

와, 상다리가 부러질 것 같아요! 한 상 가득 차린 모습이 정말 푸짐하네요.

요즘은 이런 전통 혼례를 직접 볼 기회가 별로 없는데, 오늘 참석해 보니까 정말 감동적이었어요.

 **1** 한자어를 익혀 보세요.

한자어 익히기

어떤 시각에서 어떤 시각까지의 사이를 '시간'이라고 해요. 여러분은 무엇을 하면서 시간을 보낼 때 가장 즐거운가요?

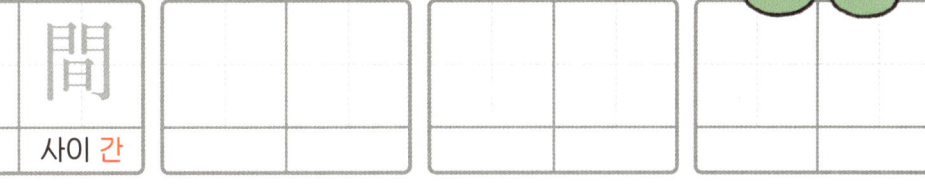

'때 시(時)'가 들어간 다른 낱말

▶ 시사(時事): 그 당시에 일어난 여러 가지 사회적 사건
▶ 불시(不時): 제철이 아닌 때

 **2** 왼쪽의 동영상을 보고, 아래 내용이 맞으면 O, 틀리면 X 표시를 하세요.

 내용 이해하기

- 전통 혼례에서는 신랑이 말을 타고 신부 집으로 간다. (   )
- 교배례에서 신랑과 신부는 같은 횟수만큼 서로 절을 한다. (   )

 **3** 영상을 시청하고 단 댓글 중 왼쪽 영상과 관계 없는 내용의 댓글은 무엇인가요? (   )

적용하기

① ID 반짝반짝: 전통 의식 하나하나에 의미가 담겨 있군요. 몰랐던 것을 알았어요.
② ID 꿀떡콩떡: 전통 혼례 음식이 너무 맛있어 보여요. 내가 좋아하는 떡, 잡채, 피자까지!
③ ID 호로록커피한잔: 저도 나중에 결혼을 하게 된다면 전통 혼례로 해 보고 싶어요.
④ ID 달콤딸기: 요즘은 흔히 볼 수 없는 결혼식인데 영상으로 보여 주셔서 감사해요.

 **4** 다음 중 전통 혼례의 순서를 바르게 나열한 것은 무엇인가요? (   )

적용하기

㉠  ㉡  ㉢  ㉣

① ㉢ → ㉡ → ㉠ → ㉣
② ㉢ → ㉡ → ㉠ → ㉡
③ ㉢ → ㉣ → ㉠ → ㉡
④ ㉢ → ㉣ → ㉡ → ㉠

가정 통신문

2025 여름 방학 스포츠 캠프 참여 신청

스포츠 강사와 함께하는 여름 방학 스포츠 캠프를 다음과 같이 운영하고자 합니다. 규칙적이고 건강한 방학 생활을 위한 스포츠 캠프에 관심 있는 어린이들의 많은 참여 바랍니다.

1 운영 계획

- 운영 일시: 2025. 8. 4(월)~8. 15(금) 13:00~14:30
- 대상: 4~6학년 희망 학생 16명 내외(신청 인원이 16명보다 많을 경우, 추첨으로 선정)
- 장소: 본교 체육관
- 지도 내용: 뉴스포츠 중심 체육 활동 (킨볼, 플로어볼, 티볼, 패드민턴, 라켓볼 등)
- 준비물: 편한 복장, 운동화, 마실 물

2 프로그램 일정표

8월

월	화	수	목	금
4	5	6	7	8
13:00~14:30	13:00~14:30	13:00~14:30	13:00~14:30	13:00~14:30
월	화	수	목	금
11	12	13	14	15
13:00~14:30	13:00~14:30	13:00~14:30	13:00~14:30	광복절

3 희망하시는 분은 7월 11일(금)까지 아래 신청서를 제출해 주세요.

학년 반	이름	보호자 연락처	보호자 확인
( )학년 ( )반			(사인)

2025. 7. 4. 풀잎초등학교장

 **1** 한자어를 익혀 보세요.

한자어 익히기

希 바랄 희   望 바랄 망

어떤 일을 이루고자 바라고 기대하는 마음을 '희망'이라고 해요. 여러분의 장래 희망은 무엇인가요?

希 바랄 희   望 바랄 망

'바랄 망(望)'이 들어간 다른 낱말
▶ 절망(絶望): 모든 희망을 잃어버린 상태
▶ 소망(所望): 간절히 바라는 일

 **2** 왼쪽의 가정 통신문을 읽고, 아래 내용이 맞으면 O, 틀리면 X 표시를 하세요.

내용 이해하기
- 여름 방학 스포츠 캠프는 학교 운동장에서 열린다. (   )
- 여름 방학 스포츠 캠프는 광복절에는 열리지 않는다. (   )

 **3** 풀잎이는 '패드민턴'에 대해 검색했어요. 패드민턴에 사용되는 도구는 무엇인가요? (   )

적용하기

패드민턴은 탁구와 배드민턴이 결합된 뉴스포츠. 탁구 라켓과 유사한 도구로 셔틀콕을 주고 받는 경기

 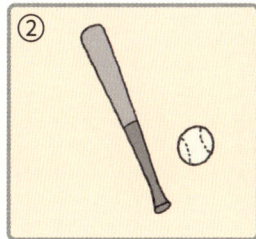 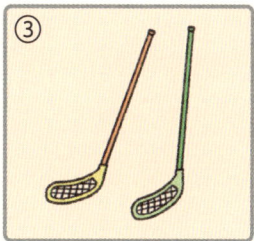 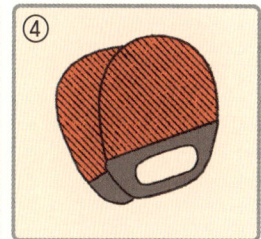

 **4** 가정 통신문을 한 번 더 읽으면 해결할 수 있는 질문이 무엇인지 고르세요. (   )

내용 이해하기
① 여름 방학 스포츠 교실 참가 비용은 얼마일까?
② 여름 방학 스포츠 교실을 지도해 주시는 선생님은 누구실까?
③ 여름 방학 스포츠 교실에서는 어떤 신발을 신어야 하나?
④ 여름 방학 스포츠 교실 참가 신청서를 어디로 제출해야 하는 거지?

신문 기사

풀잎 신문   2025년 9월 5일

초등학생 스마트폰 중독, 위험 신호

최근 초등학생들의 스마트폰 중독이 심각한 사회 문제로 떠오르고 있다. 스마트폰을 오랜 시간 사용하면서 건강과 학습에 부정적인 영향을 미치는 사례가 늘고 있기 때문이다.

하루 스마트폰 사용 시간 4시간 이상인 어린이들 증가

교육부와 정보 통신 정책 연구원의 조사에 따르면, 초등학생들의 하루 평균 스마트폰 사용 시간이 4시간을 넘는 경우도 많았다. 특히 게임, 유튜브, SNS 등을 장시간 사용하는 경향이 두드러졌다.

스마트폰 중독, 어떤 문제가 있을까?

스마트폰 사용 시간이 길어질수록 집중력이 낮아지고, 학습 습관이 흐트러질 가능성이 크다. 또 밤늦게까지 스마트폰을 사용하면 수면 시간이 줄어들고, 낮 동안 피로감을 느끼게 된다. 스마트폰 사용을 제한하면 화를 내거나 짜증을 내는 등 감정 조절에 어려움을 겪을 수 있다. 화면을 가까이에서 오래 보면 눈 건강이 나빠지고, 시력이 급격히 저하될 위험도 무시할 수 없다.

스마트폰 중독을 예방하는 방법은?

전문가들은 스마트폰 사용 시간을 조절하고, 대체할 수 있는 활동을 늘리는 것이 중요하다고 강조한다.

☐ 사용 시간 제한: 하루 1~2시간 이내로 사용 시간을 정하고, 지킬 수 있도록 지도하기
☐ 대체 활동 찾기: 스마트폰 없이 즐길 수 있는 활동 늘리기
☐ 가족과의 대화: 가족이 함께하는 시간을 늘리고, 스마트폰 없이도 재미있게 보낼 수 있도록 유도하기
☐ 수면 전 사용 금지: 자기 전 최소 1시간 전에는 스마트폰 사용을 멈추기

 **5** 한자어를 익혀 보세요.

한자어 익히기

增 불을 증   加 더할 가

'증가'는 '더하고 또 더한다.'는 뜻으로, 수나 양이 많아지는 걸 말해요.

 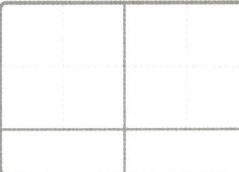 

'더할 가(加)'가 들어간 낱말

▶ 가식(加飾): 말이나 행동 따위를 거짓으로 꾸밈
▶ 가감(加減): 덧셈과 뺄셈을 아울러 이르는 말

 **6** 왼쪽의 신문 기사를 읽고, 아래 내용이 맞으면 O, 틀리면 X 표시를 하세요.

내용 이해하기

- 스마트폰을 오래 사용하면 학습 능력이 저하될 수 있다. (   )
- 스마트폰 중독 예방을 위해 대체 활동을 늘리는 것이 좋다. (   )

 **7** 풀잎이는 기사에서 추천한 '대체 활동'을 직접 찾아보기로 했습니다. 풀잎이가 스마트폰 없이 즐길 수 있는 대체 활동으로 적절하지 <u>않은</u> 것은 무엇일까요? (   )

내용 이해하기

① 보드게임 하기
② 인라인 스케이트 타기
③ 자전거 타기
④ 컴퓨터 게임하기

 **8** 이 기사를 보고 경각심을 느낀 사람들의 반응으로 알맞지 <u>않은</u> 것을 고르세요.

추론하기

① 스마트폰을 너무 오래 보면 눈이 나빠질 수 있구나!
② 잠자기 전에 스마트폰을 보면 잠이 잘 올 수도 있겠네!
③ 스마트폰 때문에 공부에 집중 못 할 수도 있구나!
④ 스마트폰이 없으면 짜증 나는 건 중독일 수도 있겠네!

카드 뉴스

우리나라 국경일 제대로 알고 있나요?
대한민국의 5대 국경일, 지금부터 소개합니다!

삼일절(3월 1일)
- 1919년 3월 1일, 일본 식민지 지배에 저항하는 만세 운동이 일어났어요.
- 민족 대표 33명이 독립 선언서를 낭독하고, "대한 독립 만세!"를 외쳤죠.

제헌절(7월 17일)
- 1948년 7월 17일, 대한민국의 헌법이 만들어졌어요.
- 대한민국이 민주주의 국가로서 새롭게 출발하는 날인 거죠.

광복절(8월 15일)
- 1945년 8월 15일, 대한민국이 일본의 식민지에서 벗어나 독립했어요.
- 우리나라가 다시 주권을 찾은 날, 광복절을 기념해요!

개천절(10월 3일)
- 단군이 우리 민족 최초의 국가인 고조선을 세운 날을 기념하는 날입니다.
- 우리 민족의 역사가 처음 시작된 날을 기념하는 날이죠.

한글날(10월 9일)
- 1446년 세종 대왕과 학자들이 만든 훈민정음이 반포된 날입니다.
- 한글을 소중히 여기고 바르게 사용해요!

국경일에는 태극기를 꼭 게양하도록 해요.

 한자어를 익혀 보세요.

법 헌   법 법

'헌법'은 '법 중의 법'이에요. 우리나라의 모든 법은 헌법을 따라야 해요.

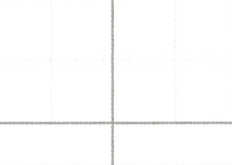
법 헌   법 법

'법 법(法)'이 들어간 다른 낱말

▶방법(方法): 어떤 일을 해 나가거나 목적을 이루기 위하여 취하는 수단이나 방식
▶법정(法庭): 법원이 소송 절차에 따라 송사를 심리하고 판결하는 곳

 왼쪽의 카드 뉴스를 읽고, 아래 내용이 맞으면 O, 틀리면 X 표시를 하세요.

- 삼일절은 1945년 대한민국이 독립한 것을 기념하는 날이다. (   )
- 대한민국의 국경일은 모두 5개이다. (   )

 풀잎이는 카드 뉴스를 읽고 제헌절에 대해 알아보다 다음 정보를 알게 되었어요.

2025년 현재, 제헌절은 국경일이지만 공휴일은 아니다.

그러다 위 문장의 자세한 뜻이 궁금해서 인터넷 검색을 해 보았습니다. 다음 중 풀잎이가 검색하면 도움이 될 키워드는 무엇인가요? (   )

① 국경일과 공휴일의 공통점
② 국경일과 공휴일의 차이점
③ 2025년 국경일과 공휴일의 개수
④ 국경일과 공휴일을 지정하는 이유

 카드 뉴스의 내용으로 알 수 없는 퀴즈 문제는 무엇인지 고르세요. (   )

① 국경일에 게양하는 것은? ㉠태극기 ㉡연 ㉢우산 ㉣종이비행기
② 광복절과 관련이 없는 것은? ㉠주권 회복 ㉡독립 ㉢일본의 패배 ㉣세종 즉위
③ 국경일이 아닌 것은? ㉠삼일절 ㉡광복절 ㉢어린이날 ㉣개천절
④ 현충일은 언제인가? ㉠6월 2일 ㉡6월 4일 ㉢6월 6일 ㉣6월 8일

블로그

서울역에서 잠실 야구장까지! 버스 타고 이동하는 법

안녕하세요, 야구 팬 여러분! 오늘은 서울역에서 잠실 야구장까지 버스 타고 편안하게 가는 방법을 알려 드릴게요! 지하철도 좋지만, 버스는 창밖 풍경도 즐기고 덜 붐벼서 쾌적하게 이동할 수 있답니다! 그럼 함께 떠나 볼까요?

잠실 야구장까지 한 번에 가는 직행 버스는 없지만, 환승하면 OK! 추천 코스 두 가지!(편한 코스를 골라 타세요~!)

경로 1: 강남역 경유	경로 2: 고속버스 터미널 경유
서울역 → 강남역 → 잠실 야구장	서울역 → 고속버스 터미널 → 잠실 야구장
1단계: 서울역 → 강남역 ● 버스 번호: 402번(간선 버스, 파란색) ● 승차 위치: 서울역 버스 환승 센터 5번 승강장 ● 하차 위치: 강남역 정류장 ● 소요 시간: 약 50분(교통 상황에 따라 변동) **2단계: 강남역 → 잠실 야구장** ● 버스 번호: 341번(간선 버스, 파란색) ● 승차 위치: 강남역 1번 출구 앞 버스 정류장 ● 하차 위치: 잠실종합운동장 정류장 ● 소요 시간: 약 30분	**1단계: 서울역 → 고속버스 터미널역** ● 버스 번호: 401번(간선 버스, 파란색) ● 승차 위치: 서울역 버스 환승 센터 5번 승강장 ● 하차 위치: 고속버스 터미널역 정류장 ● 소요 시간: 약 40분(교통 상황에 따라 변동) **2단계: 고속버스 터미널 → 잠실 야구장** ● 버스 번호: 360번(간선 버스, 파란색) ● 승차 위치: 고속버스 터미널역 8번 출구 앞 버스 정류장 ● 하차 위치: 잠실종합운동장 정류장 ● 소요 시간: 약 35분
총 소요 시간: 약 1시간 20분	총 소요 시간: 약 1시간 15분

보너스! 잠실 야구장 가는 다른 방법은?

지하철을 이용하면 더 빠를 수도 있어요!
● 1호선 서울역 → 2호선 시청역 환승 → 종합운동장역 하차
● 소요 시간: 약 35~40분

서울역에서 잠실 야구장 가는 법, 완벽하게 알았으니, 야구장에서 만나요~!

 **13** 한자어를 익혀 보세요.

한자어 익히기

完	璧
완전할 완	벽 벽

'완벽'은 결점이 없이 완전함을 이르는 말이에요.

完	璧						
완전할 완	벽 벽						

━━ '완전할 완(完)'이 들어간 다른 낱말 ━━
▶ 완전(完全): 필요한 것이 모두 갖추어져 모자람이나 흠이 없음
▶ 완성(完成): 완전히 다 이룸

 **14** 왼쪽의 블로그를 읽고, 아래 내용이 맞으면 O, 틀리면 X 표시를 하세요.

내용 이해하기

- 서울역에서 잠실 야구장까지 한 번에 가는 버스가 있다. (   )
- 서울역에서 강남역으로 가려면 402번 버스를 타면 된다. (   )

 **15** 이 블로그 내용에 해시태그를 넣으려고 합니다. 다음 중 어울리지 않는 해시태그를 고르세요. (   )

내용 이해하기

#서울버스타는법 #잠실야구장가는길 #(   )

① #야구관람   ② #버스타고야구장가기   ③ #서울역에서잠실까지   ④ #서울역맛집

 **16** 블로그 내용을 읽고, 풀잎이의 말 중에서 사실과 다른 부분을 고르세요. (   )

내용 이해하기

풀잎: 아빠, 일요일에 야구장 가요! 서울역에서 잠실 야구장까지 가는 방법도 알아봤어요.
아빠: 오호, 대견한데? 설명 한번 해 볼래?
풀잎: 먼저 ①서울역에서 402번을 타고 강남역까지 간 다음 강남역에서 341번으로 갈아타요. 또 ②서울역에서 401번을 타고 고속 터미널까지 간 다음 360번으로 갈아타도 돼요. ③지하철로 가는 방법도 있는데 버스보다 시간이 더 걸려요.
아빠: 그럼 버스로 가는 두 가지 방법 중에, 더 빨리 가는 방법이 뭐야?
풀잎: ④두 번째 방법이요!

책

바퀴 는 인류가 발명한 물건 중에 가장 가치 있다고 할 수 있어. 바퀴의 사용으로 인류의 삶이 크게 달라졌거든. 어떻게 달라졌는지 볼까?

바퀴는 청동으로 도구를 만들어 쓰던 시대에 만들어졌어. 지금의 이라크 땅인 수메르 지역에서 약 5천 년 전에 바퀴를 만들어 쓰기 시작했어. 수메르 지역은 '비옥한 초승달' 지역이라고 불러. 이곳은 땅이 기름져서 곡물의 수확량이 풍부했어. 그 덕분에 인구가 쑥쑥 늘어나 도시가 커졌지. 인구가 늘고, 도시가 커지자 국가가 세워졌어.

수메르 국가는 지배적인 힘을 가진 지배층과 그들에게 지배를 당하는 피지배층으로 나뉘었어. 지배층은 국민을 다스리기 위해 법을 만들었고, 국민들은 그 법을 따르며 살았지.

수메르 사람들은 인간의 삶, 자연. 우주에 대한 신화를 만들어 전승했어. 수메르 신화는 유럽의 신화나 종교에 큰 영향을 미쳤단다. 수메르 사람들은 구리와 주석을 섞은 청동으로 여러 도구를 만들어 썼고. 역사를 기록할 수 있는 문자도 발명했어. 원시적인 삶에서 벗어나 제도적으로나 기술적으로 발전한 상태의 문명이 시작된 거야. 그러니까 바퀴는 최초의 문명국가에서 발명한 거야.

많은 사람이 모여 사는 수메르에서는 무거운 것을 옮길 일도 아주 많았어. 밭에서 수확한 곡식도 옮겨야 하고, 건물을 지을 돌도 옮겨야 했으니까 말이야.

사람들이 크고 무거운 돌을 옮기려고 처음 생각해 낸 게 굴림대야. 굴림대는 무거운 물건 아래 깔아서 굴리는 둥근 나무 등을 말해. 굴림대를 사용하면 바닥과 닿는 면적이 작아져서 쉽게 움직일 수 있어. 하지만 굴림대는 굴리는 게 힘들고 위험했어. 굴림대를 쓰던 수메르인들이 더 나은 방법을 찾다가 통나무를 잘라 둥근 바퀴를 만들면서 수레를 발명했어.

수레는 바퀴의 회전 운동으로 앞으로 나아가. 하지만 진흙 길이나 모래가 많은 곳은 바퀴가 푹푹 빠져서 수레를 쓰기 어려웠어. 또 경사가 심한 언덕을 오르내리기도 어려웠지. 그래서 수레가 활발히 사용되기까지 시간이 걸렸단다. 수레가 다닐 만한 길을 만들어야 했거든. 수메르에서 수레는 야생 당나귀나 소가 끌었는데 수레 덕분에 전보다 많은 짐을 빨리 옮길 수 있게 됐지. 그래서 수메르 경제와 농업이 _____

출처: 《세상을 바꾸는 바퀴》 유다정 글, 이광익 그림

 **17** 한자어를 익혀 보세요.

한자어 익히기

發	明
필 **발**	밝을 **명**

아직 없던 기술이나 물건을 새로 생각하여 만들어 내는 것을 '발명'이라고 해요.

發	明						
필 **발**	밝을 **명**						

'밝을 명(明)'이 들어간 다른 낱말

▶ 명암(明暗): 밝음과 어두움
▶ 명확(明確): 명백하고 확실하다

 **18** 왼쪽의 책을 읽고, 아래 내용이 맞으면 O, 틀리면 X 표시를 하세요.

내용 이해하기

- 바퀴는 청동으로 도구를 만들던 시기에 처음 만들어졌다. (   )
- 수메르 지역은 '비옥한 보름달'이라는 지역으로 불리기도 한다. (   )

 **19** 다음은 수메르 지역에서 수레가 사용되기까지의 과정을 그림으로 나타낸 것입니다. 시간 순서대로 나열하세요. (-   -   )

내용 이해하기

 **20** 책 속 빈칸에 어울리지 <u>않는</u> 문장을 고르세요. (   )

추론하기

그래서 수메르 경제와 농업이 (   )

① 더 발전하게 되었단다.　　② 성장할 수 있게 되었단다.
③ 사라질 수밖에 없었단다.　　④ 자리 잡을 수 있게 되었단다.

동영상

짜파구리? 이대로만 하면 대성공!

안녕하세요~ 여러분! 초딩 셰프 쿡쿡입니다! 오늘은 영화에도 나왔던 전설의 라면! 짜파구리를 만들어 볼 거예요!

일단 물부터 끓여야겠죠! 짜파게티 1개, 너구리 1개, 물 550~600ml! 여러분, 그런데 불은 어른들이 계실 때만 사용하도록 해요. 저도 사실 지금 화면 밖에는 부모님이 계신다는 것!

자, 짜파게티랑 너구리 면을 같이 넣어 줍니다! 그런데요. 저는 스프를 지금 넣지 않아요! 나중에 넣어야 진짜 맛있거든요.

자, 면이 다 익었어요! 물을 다 버리는 게 아니라 2~3국자 정도 남겨야 해요! 그래야 비비기 쉽거든요.

마지막으로 스프를 넣고 비벼 줄게요! 너구리 스프는 반만 넣는 게 포인트입니다! 짜~잔 성공! 이게 바로 짜파구리!

흐르는 군침을 주체할 수가 없네요! 한입 먹어 볼게요~ 캬, 진짜 맛있거든요. 바로 이 맛이에요!

어때요? 짜파구리 만들기, 생각보다 쉽죠? 여러분도 한번 도전해 보세요.

  한자어를 익혀 보세요.

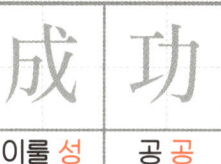 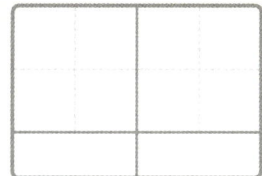 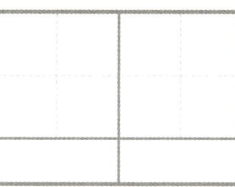

목적을 이루고, 뜻을 이루는 것을 '성공'이라고 해요. 여러분은 최근에 무엇을 성공해 보았나요?

'이룰 성(成)'이 들어간 다른 낱말
▶ 성장(成長): 사람이나 동물이 점점 자라서 커짐
▶ 합성(合成): 둘 이상의 것을 합쳐서 하나를 이룸

 왼쪽의 동영상을 보고, 아래 내용이 맞으면 O, 틀리면 X 표시를 하세요.

- 면을 넣기 전에 스프를 먼저 넣는다. (   )
- 짜파게티 소스를 절반만 넣는 게 좋다. (   )

 다음은 이 영상에 달린 댓글들입니다. 댓글들 중에서 영상을 만든 사람에게 건의하는 내용으로 적절한 댓글을 고르세요. (   )

① ID **반짝반짝**: 초등학생인데 정말 설명을 잘해요. 요리도 나보다 잘하는 것 같아요.
② ID **꿀떡콩떡**: 지금 이 영상을 보고 그대로 따라 만들어 봤어요. 정말 맛있네요.
③ ID **호로록커피한잔**: 다음에는 어떤 요리인가요? 불닭짜파구리 만들어 주세요!
④ ID **달콤딸기**: 저도 국물을 2~3국자 안 남겼더니 스프가 잘 섞이더라고요.

 동영상 속 밑줄 친 부분 뒤에 이어질 말로 가장 잘 어울리는 말을 고르세요. (   )

생각보다 쉽죠? 여러분도 한번 도전해 보세요.

① '시작이 반'이라는 말도 있잖아요.
② '가는 말이 고와야 오는 말이 곱다.'는 말도 있잖아요.
③ '누워서 떡 먹기'라는 말처럼 쉽다니까요.
④ '보기 좋은 떡이 먹기에도 좋다.'라고 하잖아요.

신문 기사

풀잎 신문

2025년 6월 8일

복제 강아지, 정말 괜찮을까요?

최근, 사랑하던 강아지가 병에 걸려 죽게 되자, 그 강아지를 복제를 해서 똑같은 강아지를 다시 만들었다는 어느 가족의 소식이 전해졌어요. 병들어 죽은 강아지가 다시 살아 돌아왔다며 그 가족은 크게 기뻐했다고 해요.

복제가 뭐예요?
복제는 어떤 생물을 똑같이 다시 만드는 것을 말해요. 겉모습도 성격도 아주 비슷하게 만들 수 있어요. 과학자들이 세포를 이용한 특별한 방법으로 복제 동물을 만들어요.

왜 복제 강아지를 만들었을까요?
사람들은 사랑하는 강아지와 헤어지기 싫어서 복제를 선택하기도 해요. "우리 집 강아지는 특별했어요. 다시 만나고 싶어요."라고 생각하기 때문이지요.

하지만 이런 걱정도 있어요!

1. 생명을 공장에서 만드는 물건처럼 다룰 수 있을까요?
동물도 감정이 있고, 존중받아야 해요. 그런데 복제를 쉽게 할 수 있다면, 생명을 소중하게 생각하지 않을 수도 있어요.

2. 새로운 생명을 입양하는 기회를 놓칠 수도 있어요.
보호소에는 가족을 기다리는 강아지들이 많아요. 복제 대신 그런 강아지들을 입양하면 더 많은 생명을 도울 수 있어요.

3. 복제 과정에서 동물이 아플 수도 있어요.
복제를 할 때 다른 동물의 몸을 이용해야 하고, 그 과정에서 아프거나 희생되는 동물도 생길 수 있어요.

> **어린이 기자 생각**
>
> 사랑하는 강아지를 다시 만나고 싶은 마음은 이해돼요. 하지만 모든 생명은 특별하고, 한 번뿐인 거라고 생각해요. 레이첼 카슨도 ㉠ 라는 말을 했대요. 동물의 입장도 한 번 더 생각해 보는 것이 좋겠어요.
>
> 복제 강아지, 여러분은 어떻게 생각하나요? 좋은 일일까요? 아니면 걱정되는 일일까요?
> 여러분의 생각을 들려주세요!

25 한자어를 익혀 보세요.

(한자어 익히기)

生 날 생
命 목숨 명

동물과 식물의, 생물로서 살아 있게 하는 힘을 '생명'이라고 해요.

生 날 생 | 命 목숨 명

'날 생(生)'이 들어간 낱말

▶ 생일(生日): 태어난 날
▶ 생존(生存): 살아 있음. 또는 살아남음

26 왼쪽의 신문 기사를 읽고, 아래 내용이 맞으면 O, 틀리면 X 표시를 하세요.

(내용 이해하기)

- 최근 강아지 복제에 성공한 가족이 있다. (   )
- 복제된 강아지는 생김새까지는 같을 수 없다. (   )

27 다음 중 강아지 복제에 찬성하는 측의 입장이 <u>아닌</u> 의견을 고르세요. (   )

(적용하기)

① 두진: TV에서 똑똑한 경찰견을 본 적이 있어. 후각이 발달해서 냄새만으로도 범인을 잡고, 숨긴 물건을 잘 찾았어. 그런 똑똑한 강아지를 복제하면 사회에 많이 도움이 될 것 같아.
② 진서: 키우던 강아지를 복제한다면, 강아지를 새로 훈련시키지 않아도 되니 편할 것 같아.
③ 병준: 멸종 위기 강아지를 복제하면, 희귀한 강아지가 지구에서 사라지지 않을 거야.
④ 정서: 과학자들이 특별한 기술로 하는 것이니까 돈이 많이 들 거야. 결국 돈이 많은 사람들만 강아지 복제를 할 수 있을걸?

28 ㉠ 에 들어갈 말로 가장 적절한 것은 무엇인지 고르세요.

(추론하기)

① 생명은 한 번뿐이기에 아름답다.
② 생명을 키운다는 건 사랑을 계속 주는 것이다.
③ 작은 생명도 큰 사랑을 받을 자격이 있다.
④ 살아 있는 모든 것은 다 소중하다.

정답

1 WEEK

1일 차 가정 통신문 11쪽
2. (내용 이해) X, X
3. (어휘) ①, ③, ④
4. (적용) ③

2일 차 신문 기사 13쪽
2. (내용 이해) X, O
3. (어휘) 영하 12도, 영하 10도, 영하 11도, 영하 4도
4. (적용) ③

3일 차 카드 뉴스 15쪽
2. (내용 이해) O, O
3. (어휘) ③
4. (적용) ③

4일 차 블로그 17쪽
2. (내용 이해) X, X
3. (어휘) ②, ④
4. (적용) ④

5일 차 책 19쪽
2. (내용 이해) O, X
3. (어휘) ①
4. (적용) ④

6일 차 동영상 21쪽
2. (내용 이해) O, X
3. (적용) ①, ③, ④
4. (적용) ④

2 WEEK

1일 차 가정 통신문 25쪽
2. (내용 이해) X, O
3. (적용) ⓒ-ⓒ-㉠-㉢
4. (적용) ②

2일 차 신문 기사 27쪽
2. (내용 이해) O, O
3. (내용 이해) 김길리: 43초 105
   이소연: 43초 203
4. (적용) ①

3일 차 카드 뉴스 29쪽
2. (내용 이해) O, X
3. (어휘) ①
4. (적용) ③

4일 차 블로그 31쪽
2. (내용 이해) X, O
3. (어휘) ④
4. (적용) ①

5일 차 책 33쪽
2. (내용 이해) O, X
3. (내용 이해) ㉠, ㉡, ㉢, ㉣
4. (어휘) ③

6일 차 동영상 35쪽
2. (내용 이해) O, X
3. (적용) ③
4. (적용) ④

3 WEEK

1일 차 가정 통신문 39쪽
2. (내용 이해) O, O
3. (내용 이해) ④
4. (적용) ②

2일 차 신문 기사 41쪽
2. (내용 이해) O, X
3. (어휘) ②
4. (적용) ①

3일 차 카드 뉴스 43쪽
2. (내용 이해) X, O
3. (적용) ④
4. (추론) ③

4일 차 블로그 45쪽
2. (내용 이해) O, O
3. (내용 이해) ③
4. (적용) ①

5일 차 책 47쪽
2. (내용 이해) O, X
3. (내용 이해) ①-③-④-②
4. (적용) ④

6일 차 동영상 49쪽
2. (내용 이해) O, X
3. (적용) ②
4. (추론) ③

4 WEEK

1일 차 가정 통신문 53쪽
2. (내용 이해) X, O
3. (내용 이해) ③
4. (적용) ④

2일 차 신문 기사 55쪽
2. (내용 이해) X, O
3. (어휘) ①
4. (적용) ④

3일 차 카드 뉴스 57쪽
2. (내용 이해) O, O
3. (어휘) ①
4. (적용) ㉠, ㉡, ㉢

4일 차 블로그 59쪽
2. (내용 이해) O, X
3. (어휘) ①
4. (적용) ④

5일 차 책 61쪽
2. (내용 이해) O, X
3. (내용 이해) ②
4. (적용) ①

6일 차 동영상 63쪽
2. (내용 이해) X, X
3. (적용) ④
4. (어휘) ④

5 WEEK

1일 차 가정 통신문 67쪽
2. (내용 이해) O, O
3. (적용) ④
4. (추론) ①

2일 차 신문 기사 69쪽
2. (내용 이해) X, X
3. (어휘) ③
4. (적용) ①

3일 차 카드 뉴스 71쪽
2. (내용 이해) X, O
3. (적용) ①, ③, ④
4. (어휘) ④

4일 차 블로그 73쪽
2. (내용 이해) O, O
3. (내용 이해) ①
4. (어휘) ④

5일 차 책 75쪽
2. (내용 이해) O, X
3. (내용 이해) ④
4. (적용) ③

6일 차 동영상 77쪽
2. (내용 이해) O, X
3. (적용) ②
4. (적용) ①

문해력 실전 테스트

2. (내용 이해) X, O
3. (적용) ④
4. (내용 이해) ③
6. (내용 이해) O, O
7. (내용 이해) ④
8. (추론) ②
10. (내용 이해) X, O
11. (어휘) ②
12. (적용) ④
14. (내용 이해) X, O
15. (내용 이해) ④
16. (내용 이해) ③
18. (내용 이해) O, X
19. (내용 이해) ②-③-①
20. (추론) ③
22. (내용 이해) X, X
23. (적용) ③
24. (추론) ③
26. (내용 이해) O, X
27. (적용) ④
28. (추론) ①

'우천시'가 어디냐고 묻는 초등학생을 위한

초판 1쇄 발행 2025년 9월 10일

글쓴이 김수현 | **그린이** 김푸른

펴낸이 홍석 | **이사** 홍성우 | **편집부장** 이정은 | **편집** 오미현, 조유진, 노한나
외주편집 정다운 편집실 | **디자인** 이한나, 김영주 | **외주디자인** 양X호랭 DESIGN
마케팅 이송희, 최은서 | **제작** 홍보람 | **관리** 최우리, 정원경, 조영행
펴낸곳 도서출판 풀빛 | **등록** 1979년 3월 6일 제2021-000055호 | **제조국** 대한민국 | **사용연령** 8세 이상
주소 서울특별시 강서구 양천로 583 우림블루나인 A동 21층 2110호
전화 02-363-5995(영업) 02-362-8900(편집) | **팩스** 070-4275-0445
전자우편 kids@pulbit.co.kr | **홈페이지** www.pulbit.co.kr
블로그 blog.naver.com/pulbitbooks | **인스타그램** instagram.com/pulbitkids

ISBN 979-11-94636-58-8 73700

ⓒ김수현 2025

이 책은 저작권법에 따라 보호받는 저작물이므로 무단 전재와 복제를 금지하며,
이 책의 전체 혹은 일부 내용을 인공지능 기술 교육을 목적으로 입력, 제공하거나 기타 방식으로 사용하는 것을 금합니다.
이 책 내용의 전부 또는 일부를 이용하려면 반드시 저작권자와 도서출판 풀빛의 서면 동의를 받아야 합니다.

※ 책값은 뒤표지에 표시되어 있습니다. 파본이나 잘못된 책은 구입하신 곳에서 바꿔 드립니다.
※ 종이에 베이거나 긁히지 않도록 조심하세요. 책 모서리가 날카로우니 던지거나 떨어뜨리지 마세요.